こんなものまで運んだ！日本の鉄道

お金にアートに、動物……知られざる鉄道の輸送力

和田　洋
Wada Hiroshi

交通新聞社新書　148

はじめに

鉄道はヒトやモノを運ぶ目的で誕生しました。日本の鉄道もまもなく150年の歴史を迎えますが、その間に運べるものは何でも運んだといっても過言ではないくらい、多種多様のヒト、モノを輸送しました。

鉄道はさらに、目には見えない文化も運びました。明治前期の自由民権運動は全国規模の政治活動でしたが、この時期のリーダーたちは人力車を連ねて各地を遊説していました。大変な労苦だったでしょう。1890（明治23）年に第1回帝国議会が開かれます。東海道線の全通はその前年の1889（明治22）年で、以降の鉄道網の整備は日本の急速な近代化に大きく貢献してきました。

鉄道が陸上交通の中心だった時代、鉄道には社会インフラを維持する責務が課せられていました。そのような使命を果たすために、鉄道は様々な工夫や開発を続けてきました。なるべく乗り換えないで目的地に到着できるように、列車の設定や車両の運用に工夫をこらし、多様な輸送ニーズに合わせて特殊な車両を設計します。災害などで路線が不通になっても、可能な限り迂回できる路線を見つけて運転を継続しようとしました。

鉄道の大きな特性は時間の正確さです。それを前提に様々な社会システムが組み立てられていきます。新聞や郵便が間違いなく家庭に届いたり、生鮮食品が全国に配送されるのも鉄道のネットワークが大前提となっていました。その結果、鉄道の歴史を調べていると、付随して日本の社会、文化の変遷が浮かび上がってきます。

道路や航空機の発達で、鉄道の役割は大きく変わってきましたが、基幹インフラとして期待される機能は変わっていません。最近は物流の面で鉄道の特性を活用した新たな試みが始まっているのはうれしい限りです。

本書は日本の鉄道が150年間に運んできた様々なものを取り上げ、鉄道の果たしてきた機能を発掘します。どうしても少し以前の話が多くなる点はご容赦ください。

こんなものまで運んだ！日本の鉄道――――目次

第3章　一筋縄ではいかない動物輸送……49

第1章

似て非なるもの＝荷物・貨物輸送

昔の乗客は大荷物

まずは複雑なところから話を始めましょう。モノの輸送です。民営化以前の国鉄の時代には、モノを運ぶのは荷物輸送と貨物輸送がありました。外部の人間からは似たように見えるのですが、組織内では厳密に区別されていました。

荷物輸送は旅客局が担当します。特急、急行の運行や乗客誘致のキャンペーンなどを企画する部門です。これに対して貨物輸送は、貨物列車を管理する貨物局の担当になります。組織が違えば窓口も別になってきます。

なぜこのようになったのか、そもそもは明治の鉄道創業の時にさかのぼります。日本の鉄道は１８７２（明治５）年に新橋～横浜間で開業します。30㎞ほどの短い区間ですが、大きな荷物を抱えて乗り込む乗客がたくさん見られました。

昔の旅行客は大荷物を抱えたものですが、理由はそれだけではありません。明治初期、西日本から東京へ向かう旅客はしばしば船を利用します。横浜港に着いて、東京までは鉄道でというのが文明開化のコースでした。当然、たくさんの荷物を抱えての旅になります。

このため開業当初から鉄道は、乗客の持ち込む荷物を一緒に列車で運ぶことを前提にし

明治13年ころの旅客列車（『日本国有鉄道百年写真史』より転載）

ていました。これが「手荷物」と呼ばれる荷物輸送の始まりです。旅行する乗客に対する付随サービスですから、旅客部門が担当するのも当然のことでした。

創業当時の客車は後に「マッチ箱」と呼ばれた2軸車で、貫通ブレーキがなかったために後端に連結した緩急車の手ブレーキで操作しますが、手荷物はこの緩急車に積まれて乗客と一緒に輸送されました。

荷物を運べるとなると、乗客が携行しなくても荷物だけを送りたいというニーズが出てきます。これが「小荷物輸送」です。持ち込まれる手順は違いますが、運ばれる荷物は同じようなものですから、手荷物、小荷物は一緒に「荷物車」と呼ばれる車両で輸送しました。最初は客車だけでしたが、やがて電車や気動車にも登場します。

一方で鉄道は物資を輸送することも大きな役割でした。鉄道発祥の地のイギリスや、日本においても、石炭を鉱山から運び出すための路線が次々に建設されていきます。路線が広がってくると、石炭以外の米や野菜、鉱物資源から動物までを輸送するようになりました。これが貨車を使った「貨物輸送」です。一つ一つの荷物をまとめて車両に積み込む荷物輸送とは違い、通常は貨車を1両単位で借りて、ここに物資を積み込んで目的地の駅まで運びます。

道路網が発達する以前は、陸上輸送の大半は国鉄が担っていました。企業や農業などの自営業者にとっては、商品や生産物を輸送できるかどうかは生命線です。敗戦後の荒廃した日本は1950年代になって経済が急成長を遂げますが、ここで問題になったのが貨物の輸送力でした。列車の本数が圧倒的に不足しています。それ以上に貨車の絶対数が足りませんでした。国鉄の輸送力不足が経済復興の足かせになると、心配されたほどです。

この時期は、国鉄の営業部門の中では、貨物の方が旅客部門よりも威勢がよく、大きな顔をしていました。JR東海の初代社長を務められた須田寛さんは若手時代に四国鉄道管理局に勤務されますが、当時の営業部隊は旅客が20人程度だったのに対して、貨物は60人程度が配置されていたそうです。

なぜそんなに人が必要だったかといえば、自分の足で動いてくれる乗客と違い、貨物は動いてくれないからです。後ほど詳しく説明しますが、申し込みのあった駅にカラの貨車を送り込み、貨物を積んで目的地へ向かう貨物列車に連結します。「配車」と呼ばれるこの業務は、全て人が判断して指令を出していました。

隣駅から発送する裏ワザ

戦後の国鉄は一貫して輸送力不足に苦しみます。貨車が欲しいと申し込んでも必要な時に空車が押さえられません。そうすると国鉄を使ってモノを送ろうとする側も大きな影響を受けます。多少時間がかかっても待っていられるものならばいいですが、鮮魚や果物などは傷んでしまうので大変です。貨車が来ないために、駅前広場に野積みされて腐ってしまったといった今では考えられないような苦情が国鉄に殺到します。「貨車を確保できるか」は、荷主にとっては死活問題でした。

そうなると裏ワザが出てきます。兵庫県の姫路地区は鉄道管理局の境界が接しているところでした。姫路駅は大阪局の管内ですが、姫路から和田山に向かう播但《ばんたん》線は一つ先の京口駅から福知山局になっていました。姫路の企業が貨車を１両申し込むとします。姫路駅から大阪局の配車係に申し込みが入りますが、阪神地区は企業活動が活発ですから、なかなか姫路に空車が回ってきません。ところが京口駅は同じ姫路市内でしたが福知山局の管轄で、ここは大阪局に比べれば貨車の需給に余裕があって、比較的早く確保することができました。そこで事情を知った姫路地区の利用者は、貨物を姫路ではなくわざわざ京口に持ち込み、ここで貨車を手配するようになります。こうした事情は全国でも見られたようでした。

「国鉄しかない」という状況は、同時に国鉄に義務が生まれます。輸送ができるモノならば、可能な限り国鉄は引き受けなくてはいけません。そのためには多種多様なモノに合わせた車両を用意しておく必要があります。この結果、貨車には非常に多くの車種が生まれました。現在はコンテナ化が進んだことで、こうした特殊な用途の車両はほとんどレールの上から姿を消していますが、以前の貨車の形式表をみますと、鉄道がいかに社会の様々な分野と密接に関連したかが分かります。

貨車の形式ごとの細かいエピソードは後に取り上げますが、鉄道は大量輸送が得意ですから、車両の種類が細かく分派していくことはあまり好ましくありません。貨車は全国で運用されますから、どうしても稼働していない車両が生まれます。同じ種類であれば、近くで空いたものをすぐに回せますが、車種が違うとそうもいきません。当然、稼働率は低

特急「はと」の荷物車での作業風景　1958.4　写真所蔵：交通新聞社

下していきます。

その欠陥を補えるのがコンテナです。規格化したコンテナに多様なモノを詰め、コンテナ車に積載すれば、同じ車両に様々な種類の貨物を同居させることができます。荷扱いが合理化できることも大きなメリットです。現在、ＪＲ貨物が運行している貨物列車は大半がコンテナ列車による輸送です。貨車を1両ずつつなげる方式は、「車扱貨物」と呼ばれる伝統的な輸送方式です。かつては国鉄貨物輸送の主力でしたが、現在は専用線を使った石油や化成品、紙の輸送などに限られます。変圧器のような大型機器の輸送や鉄道車両を回送する甲種輸送などもあり、比重は小さいですが面白い列車が見られます。

さてここで荷物輸送に戻りましょう。手荷物や

明かり取りの窓がアクセントとなる郵便車スユ37 2002
1972　尾久客車区　撮影：和田　洋

小荷物を輸送するのは荷物車です。一つ一つの荷物は内容物、重さなどバラバラですが、積み込んでしまえば同じ荷物になりますから、貨車のように色々な形式を用意する必要はありませんでした。貴重品だけは車掌室に備えられた専用のケースに収められましたが、後は行き先別に仕分けして順番に下から積み上げて荷物室を整備しました。

郵便車も事情は似たようなものですが、こちらは車内で郵便物を仕分けする車両と、郵便を入れた袋を運ぶだけの荷物車のような車両とがあり、車内の構造は大きく違います。仕分けをする郵便車はいわば移動郵便局です。窓を開けると郵便物が飛んでいってしまいますから、小さな明かり取りの窓を上に並べて通風を取ります。独特の外観で、模型ファンには人気のある車両です。

警備のために窓を鉄板で覆ったマニ34 1
1951.5.10　東京　撮影：伊藤　昭

特別仕様の現金輸送車

完全な特別仕様の荷物車が、日本銀行が所有していた現金輸送車です。紙幣や硬貨を本店から支店に輸送する専用車で、運ぶモノがモノですから厳重な造りになっています。窓や扉が少なく、少々異様な感じのする車両でした。日銀ではこの専用荷物車のことを「マニ車」、現金輸送は「現送」と呼び、厳重な警備がしかれる特別輸送でした。

荷物輸送の仕組みのなかに、「急送品」という指定があります。文字通り優先して送り出す必要のあるもので、荷物列車が事故などで運転見合わせになったような場合、急送品だけはその列車から降ろして別の列車に積み替えるような作業をしています。その急送品に指定された品目は以下のようなものでした。

「動物、血液血清類、活鮮魚介類、生花、ドライアイス、放映用フィルム、報道用原稿、貴重品、野菜類、果実類、苗木、鮮肉、鳥卵、魚介類（乾魚を除く）、酵母類」

これをみますと、鉄道が実に多種多様なモノを運んでいたことがうかがえます。次章以降で、こうした様々なモノの輸送を詳しく見ていきます。

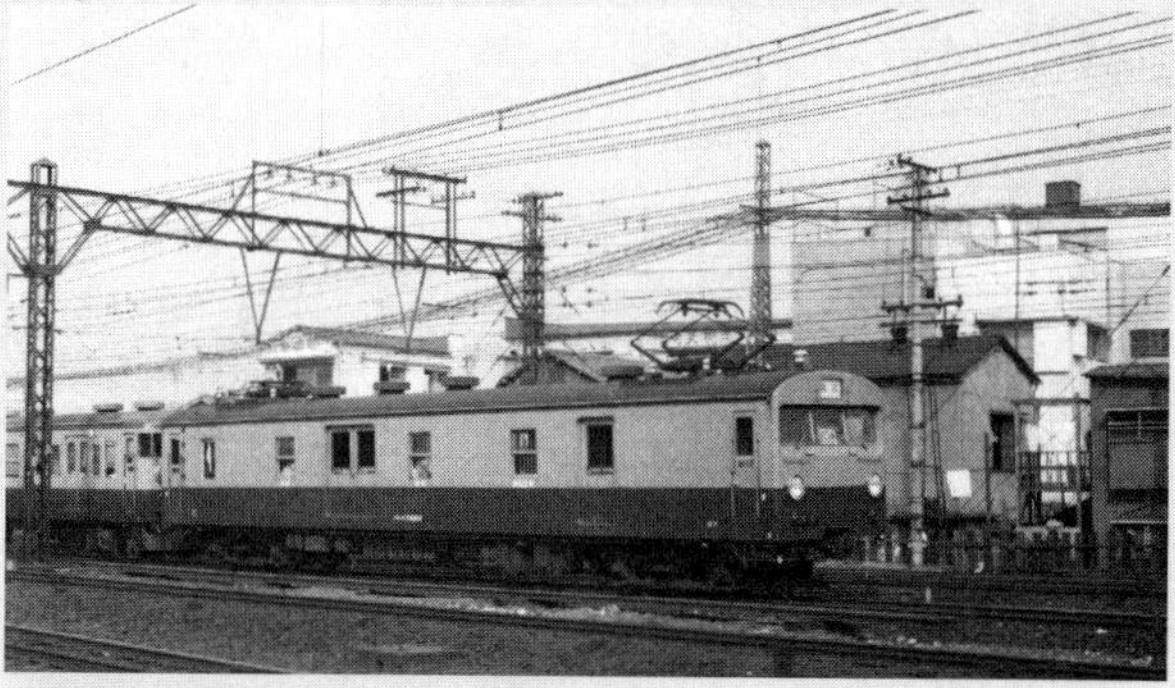

湘南電車に連結されるクモユニ74
1964.7.3　川崎　撮影：豊永泰太郎

「客荷分離」と「荷貨一元化」

旅客が持参した手荷物を一緒に運ぶことから出発した荷物輸送は、長く旅客列車に荷物車を連結して行われます。特急や急行には必ず荷物車が付いていていました。各地で走っていた長距離鈍行にも荷物車や郵便車が連結されます。当たり前だったこうした輸送形態に問題が出てきたのが１９６０年前後からです。

経済の発展で乗客は年々増加し、国鉄は列車の増発を進めますが、単線区間の多かった当時は限界があります。せめて車両を増結しようとしますが、荷物車や郵便車がつながっていて、こちらも余地のない列車がほとんどでした。

首都圏の電車区間では、荷物電車を使って輸送しますが、ダイヤが年々過密になっていくと、その中に割り込ませることが難しくなっていきました。東海道線では湘南電車に「クモユニ」を増結して輸送していましたが、荷扱いで時間が取られてしばしば遅れが発生して問題になります。そこで国鉄はこうした電

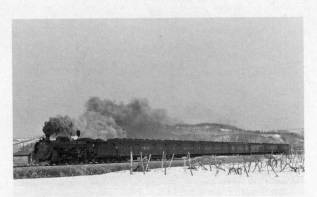

一般客車も連結する函館本線の荷42レ。前4両が荷物車で、その後ろに3両、乗客用の客車が付く　1968.3.28　蘭島～余市　撮影：和田　洋

車区間の荷物輸送を、１９６０年代に入って自動車で代行することにしました。駅に持ち込まれた荷物を、鉄道で運ばずに自動車に載せて、各駅に寄って降ろしていくといういささか矛盾した情景でした。

長距離輸送については、旅客列車から荷物車を外して荷物専用列車に集約する方針が決まります。これを「客荷分離」と呼びました。新幹線の開業に合わせて、１９６４（昭和39）年に東京、上野駅の荷物設備が汐留、隅田川駅に移設されたことで、さらにこの傾向に拍車がかかり、東海道線の荷物列車は片道7～8本が運転されるようになります。

荷物列車は全国に拡大、主要幹線に広がっていきました。最初は40番台の列車番号を与えられていましたが、それでは足りなくなって30番台も使うようになります。北海道などでは、荷物列車として設定した列車の一部区間で客車を連結し、荷物以外に乗客も輸送するといういささか本末転倒のような列車も現れました。１９６４（昭和39）年10月改正のダ

C58が荷物車を1両だけ牽く和歌山線の荷物列車
1967.3.19　北宇智～五条　撮影：和田　洋

イヤで、函館を23時50分に発車する札幌行き荷41列車は翌朝6時前に小樽に到着、ここで客車を増結して一般の列車に変わり、6時9分に発車、札幌までの朝の通勤輸送を支援しました。

上の写真は筆者が1967（昭和42）年に和歌山線で撮影した列車です。番号は「荷1542列車」といいますが、ご覧のようにC58が1両だけ荷物車を牽引しています。関西線には荷物列車が走っていましたので、この荷物車は王寺で併結したのでしょうが、和歌山線には1両だけの荷物列車が存在したのかもしれません。

手荷物、小荷物輸送は1個単位で受け付ける小口の輸送です。これに対して、貨物輸送は貨車を1両単位で借りる車扱が基本ですが、このほかに小口貨物という分野がありました。小口の貨物を駅で受け付けて各駅停車の貨物列車に積み込み、目的地まで輸送するものですが、荷物輸送とどう違うのかと思ってしまいます。

当然、当事者も分かっていました。不況で大口貨物が落ち込んだ時期に、収入を増やすために始まったようですが、折に触れて重複する業務の効率性が問題になり、統合が議論になります。荷物輸送が専用列車に移行し、１９６４（昭和39）年にそれまで貨物駅だった汐留と隅田川が荷物車の基地に変わった時に、「荷貨一元化」と呼ばれた統合論議が活発になりましたが、実際はなかなか進みませんでした。

荷物と貨物は、戦後に国鉄が発足した際は同じ営業部門でしたが、１９６６（昭和41）年に旅客と貨物部門が分離して別の局になります。そうなると組織の論理がどうしても働き、別の局に移管、統合するという議論が進みにくくなったようでした。結局、貨物部門の赤字が問題化し、業務の見直しが必要になった１９７４（昭和49）年に荷物輸送に統合されて一段落となります。

ところが話はまだ終わりません。今度は統合された荷物部門の赤字が拡大し、事業の存続が危ぶまれるようになります。１９８５（昭和60）年に旅客局に属していた荷物課は貨物局に移管されます。小口輸送を含めたモノの輸送を一元化して、再生の余地を探ったのですが、いささか時期が遅すぎました。結局、荷物輸送は１９８６（昭和61）年に廃止されていきます。

第2章

複雑怪奇な輸送の仕組み

愚直に運んだ荷物の「積載方」

現在の物流の基本的なやり方は「ハブ・アンド・スポーク方式」と呼ばれます。大きな物流基地（ハブ）を拠点に、ここに荷物を集約して目的地へ運ぶ（スポーク）方式で、アメリカで開発されました。首都圏から西日本へ送る荷物は、とにかく東京の基地に集めて全部大阪の基地へひとまとめに送ります。ここで区分けをして配送します。場合によっては逆戻りして運ぶことも起きますが、この方が効率的だということが分かっています。

国鉄のやり方はこれと正反対でした。荷物も貨物も発送地から目的地へ最短経路で順番に運んでいきます。筆者が住んでいるのは東海道線の藤沢ですが、昭和30年代にここから荷物を送る場合を想定します。名古屋、大阪、広島、鹿児島へ送りたいものがあります。

まず藤沢駅の荷物窓口で伝票を書いて荷物を預けます。窓口ではまとめて受け付けてくれますが、ここからが大変です。遠距離の荷物は急行列車に連結された荷物車か、荷物専用列車に積む必要がありますが、藤沢には止まりません。湘南電車に連結された荷物電車にまず積み込み、小田原まで運びます。ここでは荷物専用列車も止まりますから、荷物電車から降ろして列車に積み込みます。これを「中継」作業と呼びました。ヒトであれば

藤沢から湘南電車に連結したクモユニ74に積み込んで小田原から中継する
1963.1.8　藤沢　撮影：和田　洋

「乗り換え」というところです。

やがて荷物列車が到着しました。10両以上の荷物車が連結されています。旅客列車ならば、乗客は空いていて座れる車両を探して乗り込みますが、荷物はどの車両でもいいとなっていません。1両ごとに、この車両にはどの方面の荷物を積むという決まりがあります。これを「積載方」といいます。小田原では荷物を仕分けして、藤沢で送り出した名古屋、大阪、広島、鹿児島行きの荷物を、荷物列車の何両目の荷物車に載せるかを区分けし、荷物車の止まるホームの所定の位置に荷物を用意しておきます。荷物専用のホームのある駅はほとんどありませんから、乗客が列車を待っている横に、荷物が置かれたり運搬されたりしていました。

具体的に荷物をどう区分けしているかを例示して

47列車の荷物積載方

運用番号	始発	終着	積載方
名荷2	東京	名古屋	新聞紙及び熱田までの一般荷物
岡荷1	上野	八幡浜	宇野線及び四国着一般荷物（岡山着積載禁止）
東郵5	東京	門司	郵便
東荷7	上野	大分	静岡以遠着一般荷物。但し戸畑以遠着を除く
東荷8	上野	鹿児島	米原以遠着一般荷物。但し日豊線着を除く
東荷3	東京	門司	三ノ宮、門司間着中継一般荷物（小倉以遠着を除く）
東荷1	東京	鳥栖	九州着一般荷物。但し日豊線着を除く
東荷2	東京	鹿児島	九州着一般荷物。但し長崎線着雑誌及び日豊線着を除く

みましょう。1956（昭和31）年11月改正の「主要列車荷物積載方」という国鉄の資料があります。全国を走り回る荷物車1両ごとに、その車両に積み込む荷物の種類、行き先を規定したものです。いささか古いですが、この時期の荷物輸送は全て職員によって荷物車に積み込まれ、荷物車内で区分けするやり方でした。

当時、東海道線に「47列車」という荷物専用列車が走っていました。東京駅を23時45分発、鳥栖《とす》行きで鳥栖駅には翌々日の朝5時23分に到着します。荷物列車は途中で荷物車を何度も連結したり切り離したりして、編成両数は変わり、1両ごとに行き先を明示した「運用番号」が付いています。小田原に着いた時は、上の表のような8両編成でした。列車は鳥栖行きですが、この8両は行き先もバラバラで、どこに向かう荷物を積んでいいかは細かく決められています。これが「積載方」です。

例えば2両目の「岡荷1」は宇高《うこう》連絡船を経由して四国へ渡ります。当然、宇野線と四国への荷物を載せますが、岡山着の荷物は他の荷物車に載せなくてはいけません。4両目の「東荷7」は九州に入りますが、途中の静岡から先の駅への荷物も積載できます。ただし日豊線の大分行きですから小倉の先の戸畑以遠への荷物は載せてはいけません。次の「東荷8」は米原から先の荷物を担当します。東荷7と8で東海道線を分担するわけです。鹿児島線を運行しますから、日豊線向け荷物は東荷7に載せなくてはいけません。

さて藤沢で運び込んだ荷物はどうなったでしょう。名古屋への荷物は1両目の「名荷2」に積み込みます。大阪は5両目の「東荷8」、広島は「東荷3」、鹿児島は最後尾の「東荷2」に積んだのではないでしょうか。行き先ごとに載せる車両が違うのですから、小田原での区分けも神経を使ったはずです。

荷物の輸送業務に従事する職員は、この複雑な積載方を頭に入れておく必要がありました。駅員が間違えて積載方と違う荷物を積み込もうすると、荷物車に乗務する職員から怒られてあわてて荷物を取り下げることもあります。特に面倒だったのが、路線網の広い私鉄への中継です。東武や近鉄のように、何カ所でも国鉄と連絡している鉄道の場合、目的地となる私鉄の駅によって中継する場所が違います。荷物車の乗務員は走行中に時間ができると、なじみのない線区の駅名を覚えたり、積載方を見直したりして勉強したといいます。

この表を見て疑問に思う方がいるかもしれません。大分や鹿児島へ行く荷物車の始発が上野になっているからです。これが自分で乗り換えない荷物を輸送する工夫でした。水戸から大阪へ行く乗客の場合を考えます。直通列車はありませんから、当時でいえばまず上野まで常磐線の列車に乗ります。山手線か京浜東北線に乗り換えて東京に着き、ここで東海道線の列車に乗車したでしょう。乗客には面倒で、ホームが分からなくなって迷子になる人も出てきますが、大半の人は無事に乗り換えてくれます。

荷物の場合はこれを人手で積み替えなくてはいけません。水戸発の荷物を上野で降ろして山手線に載せるわけにはいきません。そこで上野発の荷物車を作って、東京を通過して西日本に向かう荷物を上野で積み替えられるようにしていたわけです。

駅で仕分けをして積み込んでも、荷物車内での作業は大変でした。荷物を駅で降ろすためには、近い駅の分を扉に寄せて、到着駅順にきれいにまとめていきます。途中駅で新しい荷物が積まれると、行き先はいろいろですからこれも駅の順番にそろえ直す必要があります。輸送量が多くて当時の荷物車には天井近くまで荷物が山積みされますので、遠くまで運ぶために奥に置くものは職員が荷物の山に登って、一番端まで運んでいく作業が必要でした。「あいつはどこに行った？」「いま広島あたりのヤマに入っているはずです」といった会話が職員の間で交わされていたそうです。

荷物の「乗り換え」は「継走図表」で

荷物列車は主要幹線しか走りませんが、荷物は全国の各駅宛てに発送されます。そうした荷物をどの列車に積み替えるかを明示したのが「荷物継走図表」です。非常に細かくて複雑なのですが、ここでは比較的分かりやすく、趣味的に面白そうなものを例に取り上げてみました。１９８５（昭和60）年３月改正の急荷35列車の大阪以西の荷物の継走を示したものが30～31ページの図表です。

この列車は汐留を16時02分に出発、終点の東小倉には翌日の11時23分に到着しますが、西日本各地に細かい連絡網が組まれています。表をもとに説明します。まず大阪です。深夜の１時39分に到着、まず山陰方面の荷物が福知山線の始発列車７２１レに積み込まれます。この列車は出雲市が終着ですから、延々と山陰線沿いの各駅に荷物を配ることができ

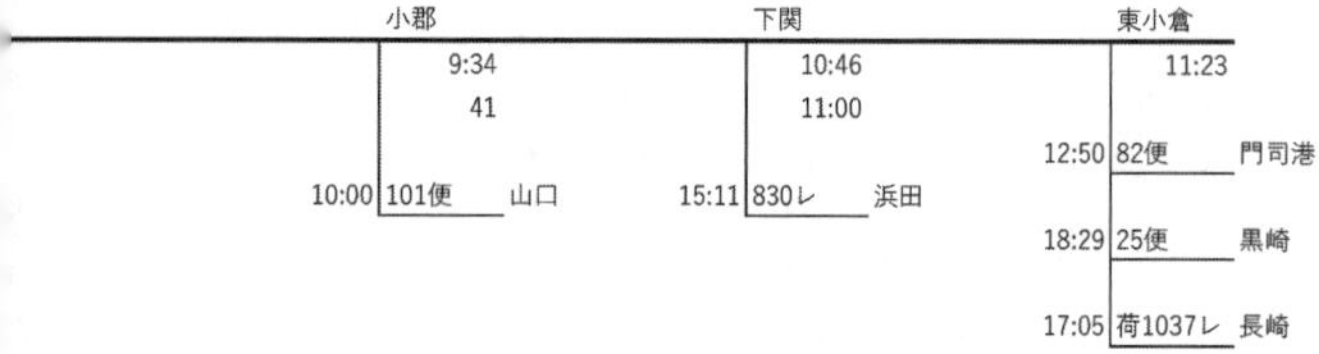

ます。同時に福知山では舞鶴線の２５９Ｄへ継走して、東舞鶴への荷物を中継します。舞鶴線は綾部から分岐しますから、乗客なら綾部で乗り換えます。荷扱いの場合は福知山でまとめた方が効率的だったのでしょう。同時に大阪では和歌山地区方面と奈良地区方面への荷物が降ろされます。列車番号に「便」とあるのは自動車代行便を意味します。

　岡山では伯《はく》備《び》線経由で出雲市方面と津山線・因《いん》美《び》線経由での鳥取方面の荷物が積まれます。鳥取では山陰線の７２６レを使って豊岡までの荷物も運べるようになっています。山陰線沿線へは、大阪で継走する７２１レが出雲市まで荷物を運びます。伯備線経由も出雲市までの荷物を扱いますし、鳥取経由は今度は上り列車として豊岡まで戻る形です。こうした複数の山陰ルートがあるのは、大阪より西の阪神地区から発送される荷物を運ぶための

急荷35列車の大阪以西の荷物継走図表

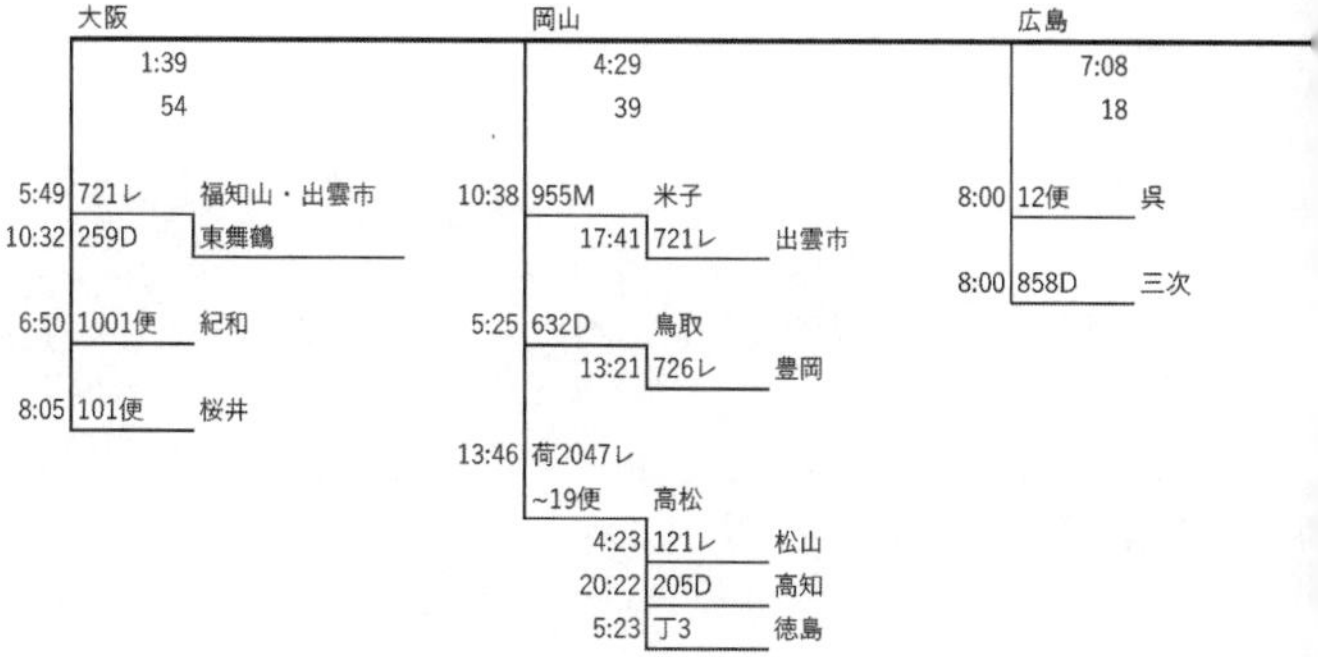

ものでした。鳥取だけをとれば、大阪からの７２１レよりも約１時間早く到着しますが、大阪より東の地域から鳥取へ送る荷物は岡山経由にせず、大阪中継にしていました。

この列車からは宇高連絡船を経由して四国に渡り、松山、高知、徳島への荷物も運ばれていきます。この後は小郡で山口方面、下関では浜田方面の荷物が降ろされ、東小倉貨物駅に到着するネットワークでした。

多くの荷物は東京圏に発着しますが、先ほどの例のように東京をスルーする荷物も当然相当数あります。大阪から仙台、新潟から名古屋行きといった荷物です。昭和30年代までは東京や上野に大きな荷物基地が併設されていて、荷物を積み替える「中継」作業をしていました。新潟からの荷物はいったん上野で降ろされ、上野発の荷物車に積み込まれます。東京～上野間は連絡線がありま

上野駅には常時荷物車が留置され、複雑な運用に組み込まれた
1962.2.1　撮影：片山康毅

したから、上野発の荷物車は東京までの区間列車で運ばれ、ここで東京発の荷物列車に編成されて西下していきます。

　東京や上野のような大ターミナルで荷物輸送を併設することは、非常に制約が大きくなります。特に上野駅では多数の乗客が行き来する地平ホームを、荷物を運ぶカートの列が行き交い危険な状態もありました。決定的だったのは１９６４（昭和39）年の東海道新幹線の開業で、東京駅を抜本的に作り変えなくてはならず、荷物設備を残すことは不可能でした。

　この結果、国鉄は東京地区の荷物輸送を全面的に変更します。東京駅の荷物は汐留駅、上野駅は隅田川駅に移設しました。どちらも貨物駅として地味な存在でしたが、同年10月のダイヤ改正から、荷物列車の始発駅となり大きく変貌します。

意外に荷物扱いが多かったのが新橋駅でした。築地市場へ持ち込む水産物などを、時間のかかる貨物列車でなく、荷物として運んで料亭などの需要に応えるものです。東京駅に早朝到着する東海道線の夜行急行がよく使われましたが、東京駅を目前にした新橋駅での荷扱いに手間取り、品川駅を定時に発車した列車が10分近く遅れて東京駅に着くこともあったそうです。こうした荷物も汐留駅に収容されます。

「２段中継」を余儀なくされた東京スルー荷物

ところが問題も発生します。先ほどの東京スルー荷物の扱いでした。汐留、隅田川は両駅とも本線から分岐する行き止まりの駅で、東京～上野間のように簡単に荷物車を相互に運ぶことができません。やむなく国鉄は隅田川～汐留間を自動車便で輸送することにしました。隅田川で降ろした荷物を自動車に積み、汐留で降ろして今度は荷物車に積み込みます。二つの駅で積み替えるわけで、「２段中継」と呼ばれたこのやり方は当然非効率になります。関係者の頭痛のタネでしたし、年末の荷物が急増する時期は、両駅とも山と積ま

年末になると汐留駅は大量の荷物であふれかえった
1968.12　写真所蔵：交通新聞社

れた荷物が出現、年末の風物詩としてニュースに取り上げられたものでした。

「2段中継」を典型例に荷物輸送は多くの人手で賄われてきました。人件費の上昇で年々収支が悪化し、国鉄は様々な合理化策を導入します。荷物を一つずつ積み込むのではなく、最初から行き先別に仕分けしたパレットに積んでおいて、荷物車にはパレットごと積み込みます。車内での仕分けがいりませんから、乗務員が同乗しないですみます。また一般の荷物車も積載方を工夫し、途中区間は荷扱いをしない「締め切り」扱いにして人員を合理化しました。

１９７９（昭和54）年に横浜羽沢駅が開業します。仕分けを自動化する設備を採用、荷物が勝手に乗り換えていく画期的なシステムの導入

荷物の仕分け作業を自動化した横浜羽沢駅
1981.12.25　写真所蔵：交通新聞社

汐留駅での荷物輸送終了の式典
1986.10.31　写真所蔵：交通新聞社

でした。東京スルー荷物は汐留、隅田川を使わず、全て横浜羽沢で中継することにして、長年の懸案を解消します。

しかし、打つ手が遅すぎました。ヤマト運輸が「宅急便」サービスを開始したのは1976（昭和51）年で、明治以来の古いサービスを続けていた国鉄の荷物輸送はあっという間に衰退、1986（昭和61）年秋に約110年続いた鉄道の荷物輸送が終了します。

24時間体制の操車場作業

荷物輸送は手がかかることを説明してきました。それでは貨物はどうだったでしょうか。こちらはもっと大変でした。

国鉄は全国ネットワークでしたから、貨物を扱っている駅ならばどの駅からでも日本中の駅に貨車を使って貨物を送ることができました。こちらも行き先はバラバラですから、まず区間貨物列車に連結して、一番近い操車場（ヤード）へ送り込みます。ここで方面別に仕分けします。

大きな操車場にはハンプと呼ばれる小高い丘がありました。貨物列車が着くと、全部の

ハンプの押し上げ、切り離し作業の概念図

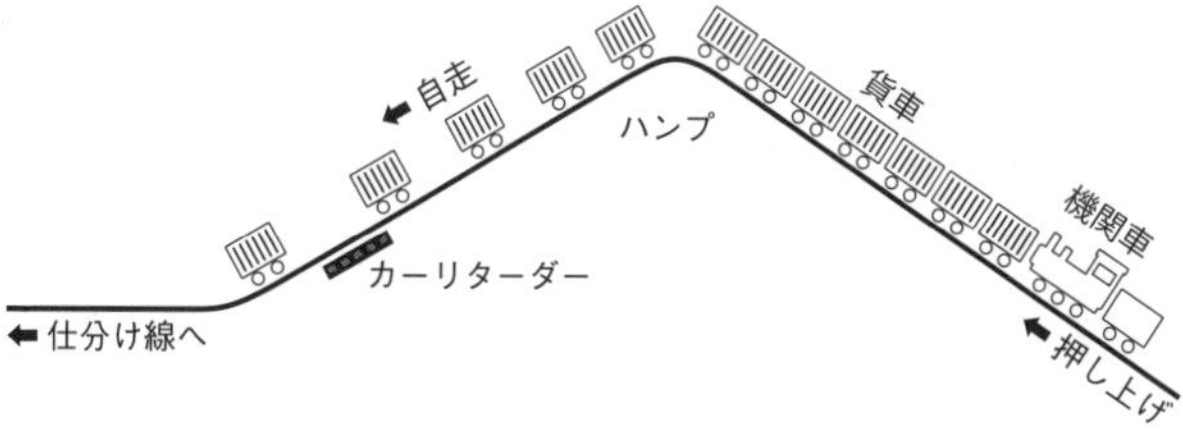

ハンプ（右側）から下りて、カーリターダーを通過した貨車ヨ
1974.9.21　吹田操車場　撮影：永島文良

貨車の連結器やブレーキホースを外して、機関車が貨車を押し上げます。ハンプを過ぎると下り勾配になるので貨車は自然に1両ずつ走り出します。わずかな間隙をぬってポイントを切り替えて、方面別の線路に誘導します。ハンプを下る貨車は、留置線の色々な位置で止められたり、既に止まっている貨車に連結されます。広大な操車場の端の方まで自走できるように、相当のスピードで下りていきますが、逆にハンプに近いところ

ですぐに連結することもあります。その場合はスピードが付き過ぎていて、貨車同士が衝突する形になり壊れたりしかねません。このため走っている貨車に連結手が飛び乗ってブレーキをかけ、スピードを調整して次々と連結させますが、これは雨の時や降雪地などでは非常に危険な作業でした。

そこで開発されたのがカーリターダーと呼ばれる装置です。空気圧によってレールと車輪を挟み付け、それによって減速させます。貨車は1両ずつ重さが違いますし、止める位置もバラバラです。その日の風の向きによっても貨車の自走力は影響を受けます。そうしたいろいろな条件を加味して、カーリターダーの空気圧を調整していました。

これで方面別に貨車が集まりましたが、まだ順番はバラバラです。これでは駅に着くごとに貨車を切り離していく入れ替え作業が大変ですから、もう一度駅の順番に並べ替える操作をします。いくつかの側線に貨車を分けて、最後に近い駅に向かう貨車から順番に連結し、きれいに駅順に並んだ貨物列車を組成します。そこで機関車が来て連結、本線に出ていく貨物列車が出発するという手順です。

ハンプはらくだのコブや小高い丘を意味する英語の「ｈｕｍｐ」からきているそうですが、日本語で「坂阜」という漢字をあてることもあります。音から作った熟語でしょうが、意味はぴったりで感心します。

川崎市・横浜市にあった新鶴見操車場は西日本との輸送を一手に引き受ける重要なヤードで、24時間体制で次々と貨車の分解、組成作業を続けていました。昭和40年代は押し上げる機関車はD51で、やがてDLに変わって無煙化されますが、構内で作業する人の話を聞きますと、SLは押し上げている時の速度がドラフトの音で分かるので、作業がしやすかったということでした。

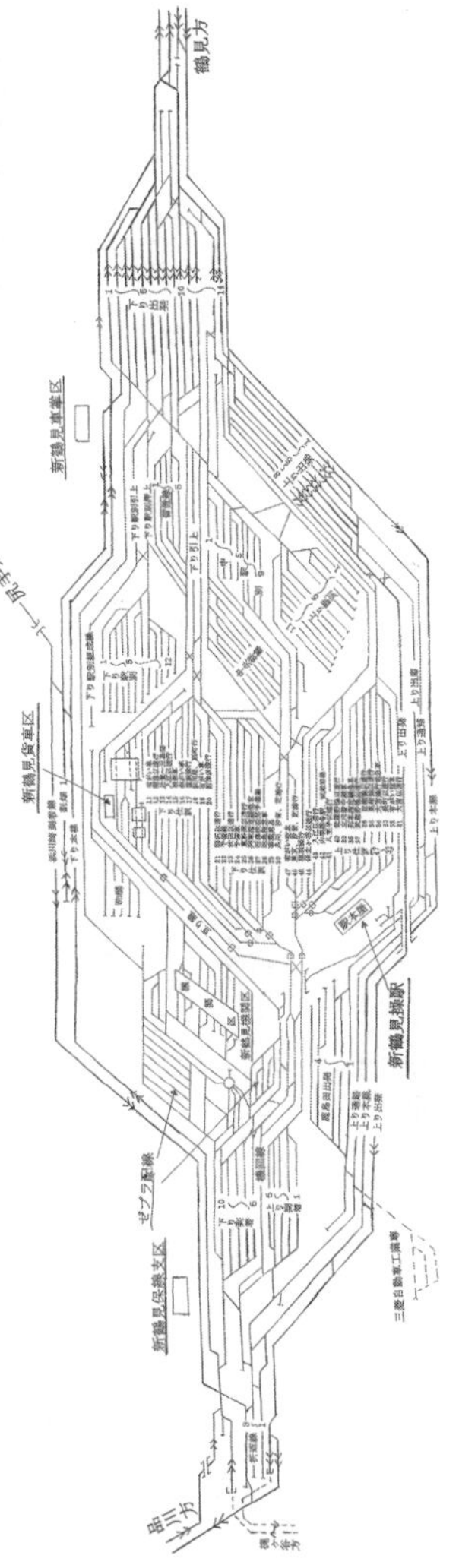

新鶴見操車場の構内図

魅せられた「突放」

筆者が小学生のころの1960年代は、藤沢駅ではまだ貨物を扱っていました。1日に上下それぞれ3～4本、国府津《こうづ》機関区のEF10が牽引した区間貨物列車がやってきました。それに先立って、藤沢駅構内で荷役作業をした貨車を、きれいに並べておく必要があります。そのために茅ケ崎機関区のC11が単機でやってきて、入れ替えをします。貨車を一度引き上げて、今度は逆に押していきます。機関車だけブレーキをかけると、切り離された貨車だけが走っていきます。突放《とっぽう》という作業で、かつては全国の国鉄の駅で見られた情景でした。止まっている貨車に連結するときにはガシャンという大きな音がして、子供心に興奮するものです。入れ替えの時間を見計らって自転車で藤沢駅に行って、飽きずにながめていたことを思い出します。

こうして貨車の整理が終わったところで区間貨物が到着します。まず藤沢駅到着の貨車を切り離し、次に待機していた貨車を連結します。必要があれば列車につながっている貨車と順番を入れ替える作業もありました。こうした入れ替えは作業が始まると短くて15分、長ければ30分以上、機関車と貨車が往来して作業に時間がかかります。藤沢駅の西側は広い構内でそれほど支障はありませんでしたが、東側はホームに接するように踏切があり、駅の南北を結ぶ大きな通りでした。いったん入れ替えが始まってしまうと、多くの人や車が通行止めになって、踏切が開くのをひたすら待っていました。

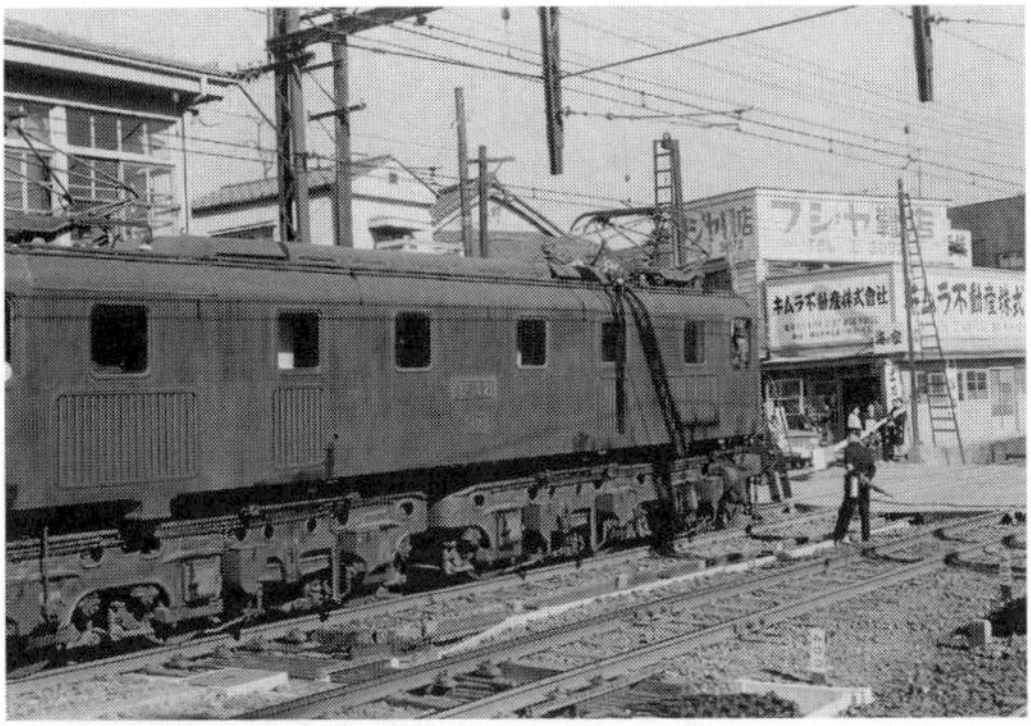

踏切を閉鎖して貨物列車の入れ替えをした
1963.1.8　藤沢駅　撮影：和田　洋

こんな作業を各駅で繰り返すわけですから、当然時間はかかります。当時の貨物列車の平均速度は毎時10km台だったといいます。他に輸送手段がない時代ならともかく、自動車輸送が発達すれば駆逐されるのは当然です。昭和20年代には日本経済を支えると誇りにあふれていた貨物部門が、昭和40年代になると国鉄の巨額赤字の元凶と戦犯扱いされるようになります。

このため国鉄は１９７０年代に貨物輸送の収支を改善させるため、操車場での組み換えをしない「ヤードパス」の列車を増発して、「遅い貨物列車」からの

自動化ヤードに設置された貨車の速度調整設備
写真所蔵：交通新聞社

矢羽根配線

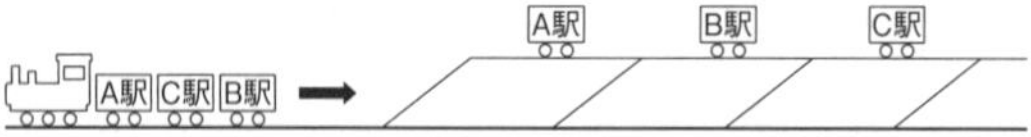

順番がバラバラな貨車をそれぞれの区間に入れて整える

脱皮を図ろうとします。またコストを圧縮するために、連結手が貨車に飛び乗っていたヤードの作業を合理化する狙いで、郡山、新南陽などに人手を使わない自動化ヤードを建設しました。線路の内側にリニアモーターによる貨車の速度加減速装置を取り付け、走ってくる貨車を補捉して速度を調整し、順番に連結していくもので、画期的なものでした。

　到着駅ごとに順番に貨車を並べ替える作業を省くために考えられたのが、矢羽根配線という仕組みです。図にあるように1本の線路を細かく区切ってポイントを作り、貨車を数両単位で分類できるようにします。A~C駅に向けた貨車をそれぞれの区間に入るように入れ替えし、最後にポイントを全部つなげて、機関車がどんどん押していくと、到着駅順に並んだ貨物列車が出来上がるという優れた仕組みでした。

しかしこうした改善努力も貨物部門の抜本的な立て直しにはつながらず、国鉄は１９８４（昭和59）年２月のダイヤ改正でヤードを廃止し、コンテナ輸送に全面的に切り替えます。

モール適地となった操車場跡地

この結果、姿を消したのが操車場です。新鶴見、稲沢（愛知県）、吹田（大阪府）は日本の３大操車場といわれ、ひっきりなしに貨物列車が発着、ハンプを使った列車の編成作業は24時間休みなく続いていました。一気に不要になったこれらの施設は、まずＪＲ貨物の車両基地やコンテナヤードとして活用されます。それでも大量の土地が生み出され、国鉄清算事業団を通じて売却されていきます。廃止後の操車場には、同様に廃車になった貨車が大量に留置されていました。

場所としては都心の一等地とはいきませんが、何しろまとまった土地に価値がありました。大規模商業施設にはうってつけで、稲沢は「リーフウォーク稲沢」を核とするモールに生まれ変わりました。新鶴見は横浜市と川崎市にまたがる広大な敷地で、再開発の計画作りに時間がかかっている間に、バブル崩壊などの経済環境の変化があり、現在も横須賀線の線路沿いに広大な未使用地が残っています。住宅、商業施設、学校などを配置する案は固まっているようで、早晩開発が始まるのでしょう。

吹田の跡地開発は曲折がありました。最終的に大阪駅の北側にあった梅田貨物駅の一部を吹田に移転、跡地を大規模商業施設に再開発することになり、現在の北梅田地区が生まれます。このほかの大きな施設としては、汐留駅は新橋に隣接したオフィス用地としてビルが建ち並ぶ地区に変わりました。

大量の貨車で埋まった廃止後の新鶴見操車場
1988.4.16　撮影：藤田吾郎

1974（昭和49）年に武蔵野線の三郷付近に誕生した武蔵野操車場は日本一の規模と自動化ヤードの最新鋭ヤードでしたが、10年後の1984（昭和59）年には稼働停止となります。現在は大型商業施設が集まる「新三郷ららシティ」に生まれ変わりました。
ちょっと変わった変遷をたどったのが飯田町駅です。中央線の飯田橋に隣接した貨物駅で、機関車や客車の車両基地もありました。１９７１（昭和46）年に構内に紙流通センターが設置され、全国の製紙会社から専用の貨車で印刷用紙がピストン輸送されてきました。神田・大手町地区は出版社、新聞社が多く、紙の輸送にはうってつけの場所でした。

しかし、１９９０年代になると印刷技術の革新で工場の郊外移転が進み、立地上のメリットが薄らいできます。１９９９（平成11）年には飯田町駅自体が廃止になりました。跡地にはＪＲ貨物の本社（当時）が建てられたほか、ＪＲ東日本が展開するホテルメトロポリタンの大型ホテルも立地し、大きく雰囲気が変わりました。

貨物駅跡に建てられた飯田町の紙流通センター
1995.11.28　写真所蔵：交通新聞社

荷物車の長距離運用

図　「旭航2運用」

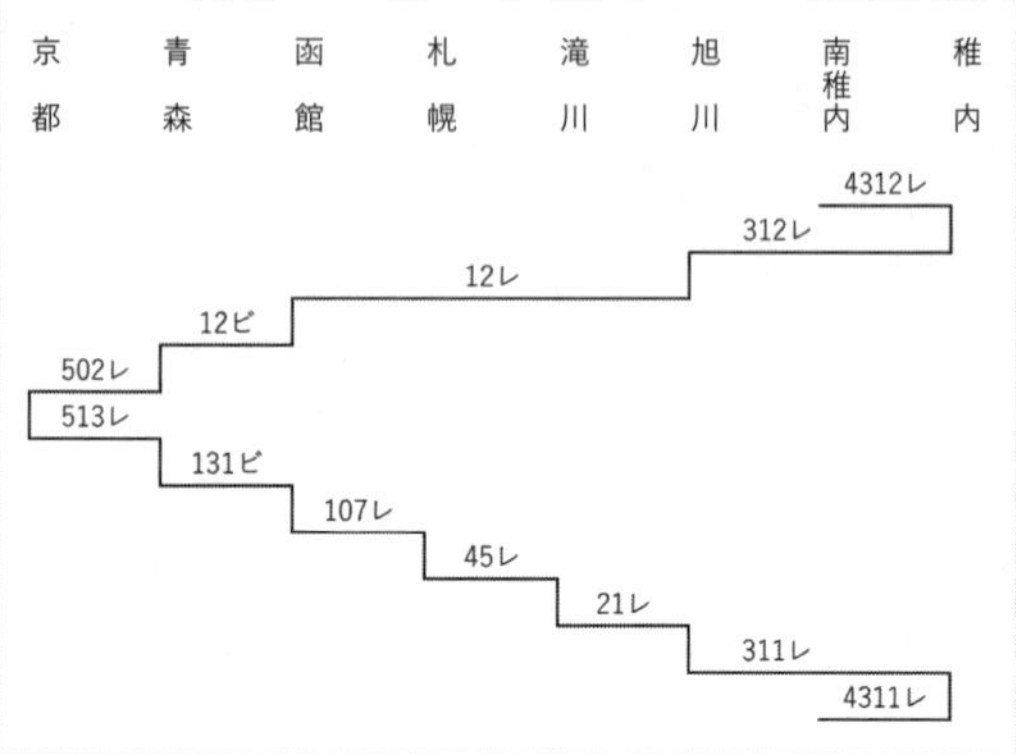

自分で乗り換えられない荷物を効率よく輸送するにはどうすればいいでしょう。一番いいのは、荷物車を日本列島の端から端まで運転して、どこでも積み込みどこでも降ろせるようにすることです。

幸い荷物車は乗客用の客車と違って、扉を締め切って連絡船にそのまま乗せる「航送」という手段がありますので、日本列島のどこにでも運転することができます。北海道から鹿児島まで運転することも可能だったのです。

さすがにそれほど長い運用はありませんでしたが、それに似た例を取り上げてみましょう。稚内発京都行きという荷物車の行路です。

宗谷線の終点稚内には、日本最北の車両基地である稚内機関区、客貨車区がありました。実際は稚内のひとつ手前の南稚内駅構内になりますが、この稚内区の所属の荷物車が延々と京都まで足を延ばしています。図で提示したのは１９５８（昭和33）年の「旭航２運用」です。

まず稚内を６時18分発の普通列車３１２レで旭川まで来ます。ここで夜を明かして翌朝６時28分発の12レ函館行き普通列車に連結されます。連絡船は深夜の12便で青森に明け方に到着、ここからは５０２レ（急行「日本海」）で一気に京都に到着します。３日目の朝４時50分でした。

折り返しは京都発22時45分の普通列車５１３レです。大阪発青森行きという長距離鈍行でした。青森着は翌々日朝の４時44分です。１３１便で津軽海峡を渡り、室蘭線経由の急行「すずらん」（１０７レ）で札幌に着きます。ここから普通列車に順番に連結されて稚内に戻ります。稚内を出発してから７日目の夜になりました。

この荷物車の運行距離は約１６００㎞になります。旅客列車での最長は東京〜鹿児島間で約１５００㎞ですから、一つの車両の運用距離としては最長と考えてよいでしょう。長距離運用はダイヤが乱れた時の調整が大変なので、いったん行路は短縮されますが、また１９６０年代に同じ運用が復活しています。

疑問なのは、なぜ稚内↓京都という区間設定なのかという点です。これに答えてくれる資料は見つかりません。以下は筆者の勝手な類推です。

京料理の基本は昆布による出汁で、最高級の品は利尻昆布です。当時は当然、鉄道で運んでいたでしょう。利尻、礼文島で収穫された昆布は稚内に運ばれ、ここから京都へ向けて発送されたと思います。そうした需要があったために、荷物車の行路が決まったのではないか。ちょうど北前船に似た荷物車の運用を

急行「ニセコ」に組み込まれた根室発の郵便車と荷物車
1968.3.27　上目名　撮影：和田　洋

見ていると、江戸時代からの伝統を思い浮かべてしまいますが、当たっているでしょうか。

長距離運用の荷物車はほかにもいろいろな例がありました。岐阜発青森行きとか、盛岡発大阪行きといった行路です。旅客列車ではありえない出発、到着駅がみられるのが荷物車の面白いところでした。C62の重連で多くのファンを集めた函館線の急行「ニセコ」は、たくさんの映像が残されています。上り列車の場合、C62の次に郵便車と荷物車が映っていますが、この2両ははるか根室から上ってきた車両でした。海峡を渡り隅田川駅まで運ばれました。

1979（昭和54）年に東海道新貨物線が開業、横浜羽沢駅が開業すると、また新たな荷物車ルートができます。首都圏を通過して荷物を輸送するルートが作りやすくなったためで、最長は糸崎発青森行きで約1560㎞の行路になりました。西日本から北日本へ送る荷物を中継なしに輸送するには、こうした運用が便利だったわけです。

第3章

一筋縄ではいかない動物輸送

「猛獣・ヘビ」以外は引き受けた

自分の足で目的地へ向かってくれる乗客に比べて、荷物は乗り換えてくれませんし、口も利きません。逆にいえば文句もいいません。車両への積み降ろしの際は、相当乱暴な扱いを受けますが、めったなことでは問題は起こりません。ところが乗客以上に神経を使った荷物があります。それが動物です。

国鉄は公共的使命を帯びていましたから、可能な限り荷物は引き受けます。そうはいっても、さすがに無理だというケースも起こります。そこで国鉄は営業規則で引き受けられる荷物の種類を明記しました。「荷物取扱基準規程」という規則には、小荷物を受託できないものの一つとして「猛獣及びヘビの類」という項目があります。それはそうだろうと納得できます。逆にいえば、これ以外の動物は引き受けなくてはいけなかったのです。

普通の有蓋車は扉を閉め切って鎖錠しますが、家畜の輸送はそれでは蒸し風呂状態になりますから、側面は隙間を作って板を組み、風が通るようにします。そのために使われたのが「家畜車（形式記号カ）」です。肉牛や乳牛の輸送が中心でしたが、羊、ヤギなども運ばれます。生き物ですから貨車に積んで送り出せばいいとはいきません。世話をする介

駅のホームから牛を家畜車に積み込む
1965.1　近江八幡　写真所蔵：交通新聞社

添え人が貨車に同乗し、飼料をやったり車内を掃除したりして面倒をみます。

　馬は家畜車よりも普通の有蓋車（ワム）を使うことが多かったようです。馬は蹄鉄を付けているので、床が木製の貨車が選ばれます。そのうえにわらを敷き、付添人が乗って世話をしました。

「鉄道公報」は全国の国鉄の現場に、業務に必要な情報を流す新聞のような媒体で、平日は毎日発行されていました。法令や規程の改廃など固い内容が多いのですが、時には面白い話題も提供してくれます。１９６２（昭和37）年４月４日付の公報に、総裁達第１４５号が掲載されました。前文は「有蓋車を使用して家畜類を輸送する場合の積付方を次のように定める」というものです。内容は図も使って馬を積み込む際の具体的なやり方を記載しています。総裁達ですから当然に

馬を貨車に積む際の据え付け方（鉄道公報に記載）

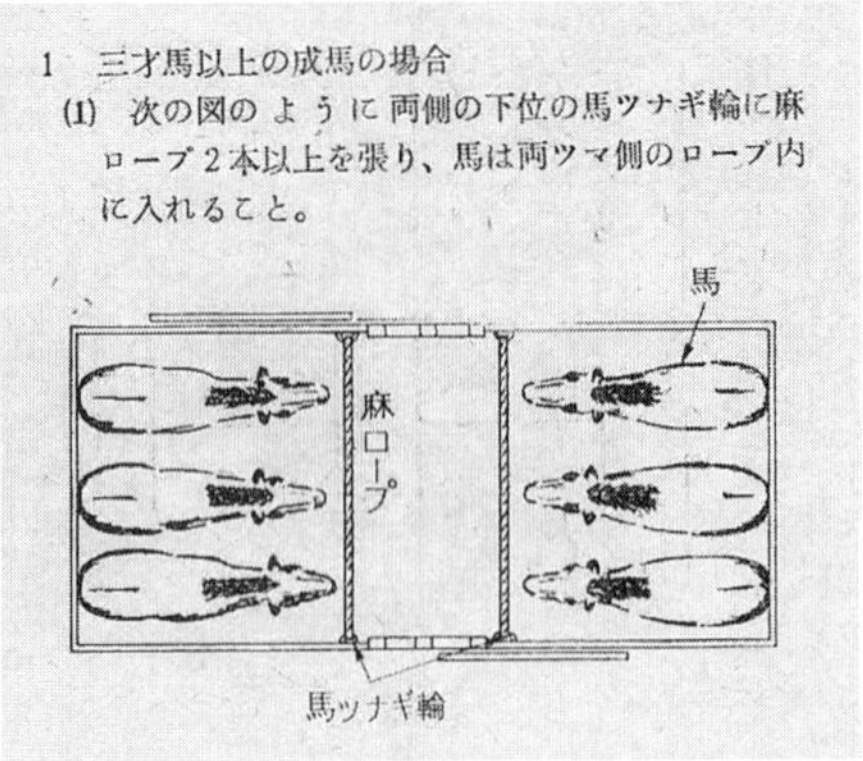

1　三才馬以上の成馬の場合
(1)　次の図のように両側の下位の馬ツナギ輪に麻ロープ２本以上を張り、馬は両ツマ側のロープ内に入れること。

決済文書には総裁のサインがあったはずで、達には「昭和37年4月4日　日本国有鉄道総裁　十河《そごう》信二」と書かれてあるいかめしい文面です。

内容をみますと、まず「三才馬以上の成馬の場合」として、有蓋車の内部を三つに区分し、口綱を麻ロープに結んで外に出ないようにすることが書かれています。「当才馬又は二才馬の場合」は麻ロープを張らず、口綱も結ばないで車内を放し飼いにすることができるとしています。馬の生態には詳しくありませんが、競馬でも3歳馬から出走するわけですから、何か差があるのでしょう。

競馬の競走馬は、現在は専用のトラックで厩舎から競馬場へ運ばれますが、かつては貨車に積まれてレールの上を輸送されました。サラブレッドは大変繊細だそうです。貨物列車で走行するくらいは耐えられたようですが、問題が起きたのは構内での入れ替え、特に突放作業でした。突放で貨車が連結する時の時速は5㎞くらいですが、それでも相当な衝撃と音があります。「輸送熱」という言葉があるくらいで、神経質な馬が体調を崩して期待通りの出走ができなかったといったことも起きたようでした。

準急列車も追い抜いた「鮮魚特急」

同様に神経を使ったのが鮮魚輸送です。鮮度が命ですから、港に上がった魚介類をできるだけ早く消費地に送りたいのが各地の漁業関係者の希望ですが、ダイヤの制約で希望通りにはなかなかいきません。古くからの慣習が制約になることもありました。大阪の台所の大阪市場には、セリの時間に合わせて貨物列車が入線します。大阪ですから東海道・北陸方面からの下り列車と、山陽・九州方面からの上り列車がありますが、市場の慣習で上り、下り列車は交互に到着しなくてはならないとされていました。改正の際にダイヤを作成するのは管理局の列車課員ですが、新人でこのルールを知らずに貨物列車のダイヤを作成してしまい、全部作り直す羽目になったことがあったそうです。

画期的だったのは「鮮魚特急」でした。１９６６（昭和41）年に下関や博多から大阪、東京へ専用の高速貨車で直送する列車で、「とびうお」「ぎんりん」といった愛称も付きます。

鮮魚特急に使われたレサ10000系貨車　撮影：豊永泰太郎

最高速度は時速１００kmですから、途中駅で普通列車はおろか準急列車も追い抜くような優等列車でした。尽力したのは安倍晋三前首相のお父さんの安倍晋太郎代議士で、自民党の実力者でしたから、国鉄内部ではダイヤが乱れた場合に回復運転する優先順位の高い列車になっていたそうです。

通常は氷詰めした箱を冷蔵車に積み込んで運びます。一般の荷物よりも重くなった貨車を連結した貨物列車は、ＳＬ時代は勾配を上るのに大変苦労する列車になります。さらにもう一つの苦労がありました。積んだ魚から落ちた油でレールが滑って、勾配で上りにくくなります。三陸地方から水揚げされたサンマを積んだ東北線の上り貨物列車で起きた現象で、機関士を悩ませたものでした。

鮮魚輸送は国民生活に重要で公共的な役割もあっ

魚を活きたまま輸送する活魚車ナ16　1966.11.27　尻内　撮影：豊永泰太郎

て、国鉄は通常より割り引いた貨物運賃を適用できるようにします。具体的な魚の名前を公示して、これも「鉄道公報」に掲載します。１９５８（昭和33）年5月31日付公報には、公示第１８１号として、割引の対象に「あおます」を加えています。割引対象表に１行追加するだけの形式的な公示ですが、さて「あおます」と言われても現場の職員はピンとくるでしょうか。そこで同日の公報・通報欄に「あおます」の解説が付け加えられています。「あおますはほんますの一種で、地方によって種々の名称があり、からふとます、さくらます、せつばります、らくだますともいわれる。魚体が比較的小さく、尾びれにはん点があるのが特徴である」と大変親切な説明です。運賃を割り引くのですから、違う種類の魚と混同しないように、気を配ったのでしょう。

魚は活きたまま運ぶこともできました。鮎や鯉などの淡水魚を主に輸送する「活魚車（形式記号ナ）」と呼ばれる特殊な貨車です。魚を入れる水槽を床に置き、天井からシャワーで水を注ぎます。圧縮空気で回転する車軸の力でポンプを回して貯水槽の水を汲み上げます。操車場などで長時間停車すると、この機能が使えませんから、そうした場合に備えて酸素ボンベを積み込み、貨車に同乗する関係者が適宜調整していました。当然ながら調整、準備にはかなり手間がかかり、このため1960年代末には姿を消していきます。国鉄末期には同様の機能を備えた活魚コンテナが開発されて、鯛やヒラメを九州から東京へ輸送、JR貨物にも引き継がれましたが、なかなかうまくいかなかったようです。

夏の風物詩だった「カツマン輸送」

水がなくても輸送できたのがウナギです。ビニール袋にウナギを詰めて酸素を充てんし、段ボールに入れて発送します。貨車を1両借り切らなくても、通常の小荷物として荷物車に積み込めば、きめ細かく得意先に届けることができました。こうした方式を「活鰻（カツマン）輸送」といい、土用の丑の日前は大変な活況で、浜名湖周辺の浜松駅や弁天島駅には大量のウナギが連日持ち込まれ、応援の駅員を含めて輸送にてんてこ舞いした情景がありました。また、長良川でとれた鮎は毎年皇室に献上されます。ブルートレインに積み込まれて、東京駅から皇居に直送される特別輸送でした。

舞阪駅で積み込まれる活きたウナギ
1966.5　写真所蔵：交通新聞社

新幹線を利用して、朝水揚げされた海産物を輸送する方式が２０２０年夏から東北新幹線で始まっています。石巻で採れたホヤを、その日の夕方には東京駅構内のお店で提供するやり方で、大変新鮮ですから好評のようです。ただ実現は簡単ではありません。何よりも新幹線には荷物車がありません。そのためにホヤ輸送では、先頭車の前の部分を幕で仕切って荷物スペースを作りました。新型コロナの影響で乗客が少なくなっている時期だから可能だったといえます。さらに、水産物の積み降ろしのためにはある程度の時間が必要です。途中駅で１～２分停車では無理があります。仙台の場合は始発の「やまびこ」を使えます。東京は終着ですから十分余裕があります。水が漏れないか、車内ににおいが広がらないかなど、相当神経を使って試験輸送が始まったということです。

JR東日本はこの試験輸送の結果を踏まえ、10月16日から仙台→東京の東北新幹線を使い、毎日2便の定期輸送を開始しました。試験輸送は先頭車の座席の一部を区切りましたが、定期輸送では車内販売用の荷物スペースを利用します。1回の輸送で段ボール40箱を運べるそうです。当面は鮮魚が中心になるようですが、ネット販売の商品配送への利用も検討していて、運搬のための専用の台車も開発するようです。この方式が広がれば、富山湾のブリや秋田のハタハタなどを東京で美味しくいただける期待が高まります。

動物輸送では「豚積車（形式記号ウ）」、「家禽《かきん》車（形式記号パ）」といった特殊な貨車も造られます。豚積車は貨車の中を2段に分けて豚を放したまま輸送できる貨車で、約50頭の豚を輸送することができました。初めて登場する時に形式記号をどうするかが議論になり、「豚は何と鳴くか」「ウーだろう」というやり取りで「ウ」になったというエピソードがありますが、さて本当でしょうか。

家禽車は主に鶏を輸送する専用車で、「パ」は英語のパルトリー（poultry）から取りました。生きた鶏やアヒルを輸送する場合、竹で編んだかごに入れて運びますが、普通の有蓋車では上に荷物が積まれて圧死したり、窒息死することがありました。そこでかごを効率よく積めるように棚を設けた専用の貨車を開発したのですが、あまり普及しませんでした。

鶏などを輸送した家禽車パ104　静岡　所蔵：星　晃

ヒヨコもよく荷物として輸送されていました。駅のホームで列車を待っていると、外れの方で賑やかな音がします。何だろうと思って近づくと、段ボール箱に詰め込まれたヒヨコが鳴いているのでした。１箱に数十匹は入っているので、相当な音量になります。

動物荷物の変わり種としては、無菌マウスがありました。実験のために特別に育てられたマウスで、専用の入れ物に入れられて積み込まれます。ある日、どういうわけかこの容器が破損して、荷物車の車内にマウスが走り回ってしまいました。当然「無菌」ではなくなってしまったわけで、本来の用途には使えなくなります。

養蜂業者は花の開花時期に合わせて全国を回ります。

ハチを入れた巣箱も荷物として持ち込まれました。一つの巣箱には2～3万匹のミツバチがいます。箱を完全に密封できればいいですが、それではハチが窒息して全滅してしまいます。金網を使って、空気は行き来してもハチは出られないようにするのですが、それでもすき間から外に出てきてしまいます。ハチは何もしなければ刺したりしませんし、大人しい昆虫ですが、それは扱い慣れた専門家の言い分です。車内で荷物を整理している横を飛び回られると、気にならないはずはありません。扉を開けて外に追い出したりしようとしますが、そうすると勘違いしたハチに刺されたりと、大ごとでした。

荷物車には危険な動物は載せられませんが、乗務した経験のある国鉄OBの方に伺うと、それでも生き物がいる時は何となく落ち着かなかったとのことです。ある時、一般の荷物という申告の荷物からカサコソというかすかな音がします。不審に思った乗務員が荷物のすき間から確認すると、ヘビだったので大騒ぎになります。規則では受け付けないはずですが、手違いがあったのでしょう。幸い毒ヘビではなかったそうですが、荷物列車ではこんなトラブルも発生します。

現在も小犬や猫、鳩などの小動物はケースに入れることで、有料手回り品として列車に持ち込むことができます。時刻表に記載されているJRの営業案内には「猛獣やへびの類を除く」という注記があり、国鉄時代の規則が未だに引き継がれている部分です。

　実は鉄道による動物輸送は、明治の創業直後から始まっています。この時に定められた「鉄道略則」という規則には「牛馬及其他ノ獣類」は動物の価値に応じた相応の料金を徴収して輸送することを明示していました。貨物輸送は旅客にやや遅れて1973（明治6）年9月から始まり、1日2往復が運転されますが、動物を運ぶにはそれなりの準備、対応が必要です。このため貨物輸送は始まりましたが、「牛・豚・羊・山羊・馬」は当面は取り扱わないと公示されました。逆に言えば、これらの動物は輸送するつもりだったのです。

　1975（明治8）年にこれらの動物について種類ごとの運賃が決まり、いよいよ輸送が始まります。この時の新橋・横浜間の馬1頭の料金は2円50銭でした。乗客の上等（1等）運賃は1円50銭でしたから、馬の方が高い料金です。輸送する場合は前日までに駅長に届け出て、当日は発車の45分前までに駅で待機しているよう求めています。

　こうして動物輸送が始まった直後の1876（明治9）年4月に、仰天する輸送希望が舞い込みます。「象を1頭、横浜から新橋まで運んで欲しい」というのです。申請者がどんな人だったかはわかりません。ひょっとするとサーカスのような興行師で、東京でイベントを企画したのかもしれません。

作ったばかりの動物の運賃表には、象の料金はありません。そこで関係者が協議し、結局10円の運賃で引き受けます。この当時の貨幣価値の換算は難しいのですが、象の運賃は現在の数十万円程度となるようです。マッチ箱のような車両にどうやって積み込んだのか、無事に輸送できたのか、など疑問はいろいろわいてきますが、詳しいことはわかっていません。

1898（明治31）年に出版された写真集「日本鉄道紀要」には貨車の写真が掲載されていて、その中には馬匹車、家畜車、魚車などの名称が見えます。早い時期から鉄道がモノの輸送に工夫をこらしていた様子がうかがえます。

野菜、食品が列挙される割引品表

日本は各地に季節ごとの特産品があります。その時期には、該当する地域はそのための輸送一色になります。リンゴ、梨といった果物や野菜、新潟や房総地区では花き類が駅頭をかざります。鳥取県の名産、二十世紀梨は山陰線の鳥取、湖山といった駅から大量に全国に発送され、この地域を担当する米子鉄道管理局の貨物収入の3分の1を稼ぐほどでした。臨時の貨物列車を設定したり、荷物車を増結するなど、毎年9月になると管理局全体が輸送に取り組む体制が組まれます。

小海線の野辺山周辺はレタスなどの高原野菜の産地です。ここでも秋になると貨物列車を増発して急増する輸送需要に対応します。SL時代の小海線は線路の規格が低いために軽量のC56が使われていました。両数が足りないために、各地に残っているC56をかき集めて急勾配を運行、SLファンには格好の被写体になっていました。

ムシロでくるんだ切り花の出荷風景
1956.7.14　屋代　写真所蔵：交通新聞社

動物以外にも多種多様な貨物を鉄道は運んでいます。その例をご紹介しましょう。国鉄は公共的な使命を果たすために、貨物運賃を品目によって割り引いて、荷主の便宜を図りました。割引率は品目によって様々で、国鉄はその一覧表を「鉄道公報」に掲載しています。その品目を見ると、鉄道がいかに国民生活に深く関わっていたかが伝わってきます。

野菜類では、「玉ねぎ、生甘しょ、生馬鈴しょ、塩漬け野菜、早づけたくあん、ぬかづけ、生大根」などが並びます。どういうわけで割引率が違うのかは分かりませんが、玉ねぎや生大根は率が低くなっています。その他の食品類では「しじみ、あさり、こんぶ、するめ、焼きちくわ、しょう油、ソース、酢、みそ」などが挙げられています。これらの品物も、数字を間違えずに料金計算しなくてはいけませんから、貨物窓口の職員もさぞ大変だったでしょう。

ローカル線では貨物と車掌が同乗するワフが重宝がられた
1974.5.11　秋田　撮影：和田　洋

モノとヒトを同乗させる

ヒトを運ぶのが旅客輸送、モノを運ぶのが貨物・荷物輸送ですから、貨車はモノを載せる車両ですが、時にはヒトを乗せる貨車が生まれます。貨物列車の車掌が乗り組む車掌車が典型例で、ローカル線用には貨物と車掌が同居する緩急車が生まれました。少しでも運べる貨物を増やしたいという事情が背景にあります。

一番多かったのは有蓋車に車掌室が付いた「ワフ」と呼ばれる緩急車です。少量の貨物でもここに混ぜこぜにして積み込めばよかったので、重宝されました。次に多かったのが「セフ」です。北海道や九州には１９７０年代まで石炭車だけを連ねた運炭列車が走っていました。そこに乗務する車掌のために、石炭を積む設備の横に車掌室を付け足したような車両になっています。

「トフ」という形式もありました。砂利は石炭と並んで

北海道や九州の石炭列車に使われたセフ133
1964.9.11　早岐　撮影：豊永泰太郎

砂利輸送の貨物列車用に使われた相模鉄道のトフ
1990.11.18　厚木　撮影：藤田吾郎

鉄道が得意とした量の多い重量物で、歴史をたどると砂利運搬のために開設された鉄道もあちこちに存在します。現在は首都圏の通勤路線である相模鉄道も、相模川の砂利を運ぶために多くの無蓋車を保有していて、しばしば貨物列車を見ることがありました。その最後部につながっていたのが「トフ」で、何とも特徴的なスタイルです。国鉄ではすぐに消えてしまいましたが、私鉄ではかなり見る機会のある車両でした。

車掌以外に一般人が乗車したのが、本章でも紹介した家畜輸

ウ702。生きた家畜の輸送には付添人が同乗した
1973.12.15　郡山　撮影：片山康毅

広大な構内の入換用に職員を乗せた控車
1987.8.8　梅田　撮影：片山康毅

送用の貨車です。豚積車のウ700形は、手前の窓の部分に付添人が乗車して運転中の家畜の世話をしました。

事業用の貨車の中に、「控車」という種類があります。用途は二つあり、一つは連絡船に貨車を押し込む際に、重量の重い機関車は桟橋部分に乗れないので、いわばスペース車両として何両かの控車を機関車の前に連結しておきます。これには職員は乗りません。

もう一つの用途は、構内の広い操車場などで入れ替えに従事する職員が乗って、機関車と共に移動するための車両です。入れ替えの合間に待機する時間もありますので、休憩用としても利用するため、最小限のスペースを設置しています。ヒ７０４形は階段と手すりが付いています。構内が曲がっていて機関士との間の入れ替えの信号合図が見えにくいような場合に、階段をのぼって見晴らしを良くして合図を送っていました。

こうしたヒトとモノが同居する「フ」の構造的な問題が振動でした。貨物を積んだ場合と空車の場合とで重量の差が大きく、振動をうまく吸収するようなバネの調節が難しかったのです。写真で紹介したセフ１３３形車両は自重が９・７ｔに対して荷重は12ｔです。つまり積空差が2倍以上になります。バネは積車の際に基準に収まるように設計されますので、空車の場合はバネが強すぎてうまく振動を吸収できず、ジャンプするようになってしまいます。これはワフなどでも同じことでした。

昭和30年代にローカル線でこんなことがありました。貨物列車の緩急車に乗務していた車掌に、駅の助役が頼み事に来ました。隣の駅までお寺の住職を乗せて欲しいというのです。たまたま隣村の檀家で不幸があって駆け付けたいのだが、最終列車が出てしまって困っているという事情でした。当然鉄道の規則には違反しますが、この車掌さんは目をつぶって、住職を緩急車の車掌室に迎え入れます。念のために「かなり揺れますよ」と注意しましたが、住職は「1駅だけですから大丈夫です」と軽く考えていました。

ところが列車が動き出すと、想像以上のひどい揺れに住職は仰天、椅子に座っていても転がり落ちそうになって、必死に机にしがみつきます。やっとの思いで隣駅に着き、お礼を言って降りていく際に、「こ

空気バネ付き台車を使用したコキフ10000は客車以上の乗り心地だった
1967　撮影：星　晃

んなにひどく揺れる車両に職員を乗せている国鉄はけしからん」と憤慨していたそうです。

そんな厳しい環境とは別天地だったのが、鮮魚特急などに使われた高速貨車でした。時速100㎞で走行できるように、特別設計の空気バネ台車を装備します。空気バネの利点は車両の重さに合わせて空気圧を調整し、ちょうどいいバネの強さを設定できることで、客車以上の乗り心地の良さだったそうです。

ところがこの高速貨車は特別仕様で、使用する機関車も限定されていたために使い勝手が悪く、1971（昭和46）年度からは汎用性の高いコキ50000系貨車に置き換わっていきます。最高速度は95㎞に下がりましたが、量産されてJR貨物に移行するまではコンテナ輸送の中核として活躍します。

このコキ50000系で車掌が乗務したのがコキフ50000形でしたが、ここでまた同じ問題が起きてし

コキフ50000はコイルバネ台車で振動が問題化する
1975.6.29　香椎客貨車区　撮影：永島文良

まいます。コキ５００００系貨車は台車に空気バネではなくコイルバネを使いました。コキフは自重が22ｔに対して荷重が28ｔで、車掌室の振動が耐え難いと組合問題に発展します。国鉄は特別製の車掌室コンテナを試作、車両との取り付け部分に振動防止の機構を付加して防げないか検討しますが、どうしても問題を解消できません。

結局、使われなくなって余剰の出ていた高速貨車の空気バネ台車をコキフ５００００形に付け替えてようやく振動を防ぐことができました。貨物列車への車掌車の連結は国鉄末期の１９８５（昭和60）年に省略され、列車掛（車掌）制度も１９８６（昭和61）年に廃止されますが、それまではヒトとモノの同乗は頭痛のタネでした。

第4章

変わった貨車と特大・長物輸送

商売敵をレールで運ぶ

動物輸送だけでなく、一般のモノの輸送でも、色々な変わり種が登場します。自動車は鉄道にとっては最大のライバルですし、国鉄の経営が破綻した最大の原因も自動車交通網の発達でした。けれども、一時的には自動車を鉄道で運んで儲けようとした時期がありました。

１９６６（昭和41）年10月のダイヤ改正で本格的に登場したク５０００形が自動車を運ぶために専用に作られた「車運車」と呼ばれた貨車で、60年代後半に９００両を超す大量の貨車が新製されて全国に運転されました。当時の自動車輸送はキャリアカーと呼ばれる2段積みの車で陸上輸送されていましたが、高速道路網が未発達で工場から販売店までの輸送は悩みのタネでしたから、ほとんどの自動車メーカーが鉄道輸送を導入しました。国鉄も積極的に投資をし、トヨタ自動車のためには新設した岡多線（現在の愛知環状鉄道）北野桝塚駅構内に広大な自動車積み込みのためのヤードを建設します。１９７１（昭和46）年には最大10往復の専用列車が運転され、全国にトヨタ車を配送していました。

一時は鉄道の特性を生かした新しい輸送方式と脚光を浴びたのですが、１９７０年代半

自動車輸送専用に新製されたク5000形車運車
1974.7.16　新宿　撮影：永島文良

トヨタ車の積み出しのために設けられた北野桝塚駅の広大な構内
写真所蔵：交通新聞社

ば以降に入ると急速に需要が減退します。色々な原因がありました。国鉄の財政悪化で、運賃が年々引き上げられて競争力を失います。労使関係の悪化でストが頻発し、旅客列車を優先する国鉄の方針で、貨物輸送が不安定になります。分刻みの「カンバン方式」でコスト削減に取り組む自動車メーカーと「いつ着くか分かりません」という国鉄の文化ではまさに水と油でした。

細かい点での障害もあったといいます。新車輸送はどうしても片道輸送になります。帰りの方向にうまく運べる自動車があればいいのですが、そううまい具合に自動車工場は立地していません。もう一つは重さです。乗用車は軽いので、ク５０００は10台程度を積載しましたが、満車にしても「ク」のままで「クム」にも「クキ」にもなりませんでした。国鉄の貨物運賃は石炭や農産物を運んでいた時代の名残で、重量が大きな要素になっています。空気を運んでいるような自動車輸送は、実はあまり実入りがよくありません。

意外に深刻な問題が、車体に付く汚れや小さな傷でした。貨物列車は止まるときに鉄製の制輪子を車輪に当てます。そこで飛んだ細かい鉄の粉が、新車のボディーに付いて汚れを作ってしまい、きれいに清掃するのが大変だったという話もあるようです。

この結果、１９７０年代後半になると鉄道による自動車輸送はあっという間に衰退します。自動車のためだけに設計された特殊な仕様でしたから、改造して他の貨物を運ぶというわけにもいかず、各地の側線で遊休車として留置されました。最盛期は10年に満たず、最後に新製されたグループは１９７３（昭和48）年製でしたが、あまり稼働することもなく余剰車になってしまいます。国鉄は何とか挽回策はないかと努力しますが、結局は打つ手がなく廃車になっていきます。ＪＲ貨物になって一時的に復活したこともありましたが、１９９６（平成8）年にこちらも姿を消します。

車両限界が制約となったトラック輸送

ただ、「自動車を鉄道で運ぶ」という構想は色々な形で実用化が図られます。トラックを貨車に載せて運ぶ「ピギーバック輸送」という方式も国鉄が期待したものです。米国では大型トラックをそのまま積み込む方式が利用されていますが、車両限界の小さい日本はそのままでは載せられません。そこで、車輪の直径を小さくして床面を低くする低床台車の研究が進められました。しかし車輪径が小さいと、ポイントをうまく通過できないといった安全性の問題があり、結局集配用の４ｔトラックを2台積載する貨車が開発されま

ピギーバック専用列車　中越号出発式
1989.6.22　写真所蔵：交通新聞社

す。1986（昭和61）年に始まった輸送は、運転手の人出不足などで一時は好調で、一般貨物車だけでなくタンクローリーなども対象に拡大していきましたが、バブル崩壊後の需要低迷のなかで2000（平成12）年には廃止になります。荷物だけでなく、トラック自体の重さまで運賃にカウントされてしまう点もマイナスだったようです。

ちょっと変わった情景を紹介しましょう。長物車（形式記号チ）の上に乗っているのはバキュームカーです。撮影したのは吹田操車場の構内。バキュームカーには「自家用　吹田操車場」という文字が記載されています。関西地区の貨物輸送の拠点だった吹田は広大な鉄道用地があり、あちこちに作業のための建物、詰所がありり

バキュームカーを積んで構内を巡回した長物車
1974.9.21　吹田操車場　撮影：和田　洋

ました。職員用に設置した便所は当時ですから汲み取り式ですが、線路に囲まれていて必ずしも道路がつながっていない場所もあります。そこで貨車の上にバキュームカーを積んで、構内を巡回していたようです。

筆者はアラスカに観光旅行に行った際に、観光バスを鉄道で運ぶ情景を実見しました。氷河を海から望む観光船の発着場が、道路の通じていない入江にあって、トンネルを通る鉄道でしかアクセスできません。どうするかというと、日本でいえばチキ（長物車）のような貨車を何十両とつないだ列車が、トンネルの外の道路との接続場所に止まっています。チキと同じ高さのホームがあって、バスは道路からホームに上がり、急ハンドルを切ってチキにきれいに車体を載せます。バスは何台も待っていますので、チキの上を自走、前のバスが止まっているところまで乗り付けます。チキ1両にバス1台といった載せ方ではなく、どんどん詰め込むやり方です。場所が決まればサイドブレーキを引いてエンジンを切ります。特別な緊締設備があるわけではありませんし、1台のバスが2両のチキをまたいで載ることもありますが、別に問題は起きていないようでした。乗客はバスに乗ったままで、そのうちに列車が動き出します。結構カーブがあって、チキとタイヤがうまくずれるのか気になりましたが、短時間で速度もそれほど出ていなかったので、無事にトンネルを越えて港に着きました。もう40年以上前のことですが、アメリカの大らかな体質を実感できたなかなかに得難い体験でした。

車で長距離の旅行をする人に向けて、「カートレイン」というサービスが始まったのは1985（昭和60）年でした。汐留から北九州（東小倉）まで、自動車を積み込む高速貨車と寝台車をセットにした列車で、ドライバーは寝ている間に車と一緒に目的地へ運ばれる便利さが受けました。その後、青函トンネルが開通して北海道に直行できるようになったこともあり、かなりの人気を集めます。同じ方式でバイクを運んだのが「MOTOトレイン」と「モトとレール」です。

どちらも90年代末までに運転を終了しています。「カートレイン」は乗用車の大型化やRV車の普及で、車両に積載できない車種が増えたことが要因でした。

「カートレイン」は貨車と寝台車を併結した
1985.7.18　汐留　写真所蔵：交通新聞社

上野駅でオートバイを積み込む「MOTOトレイン」
1990.8.1　写真所蔵：交通新聞社

カーブを自由に曲がるレール輸送

鉄道はレールの上を動く車両によって輸送しますが、レールを運ぶこともあります。レールは車輪との間の摩擦ですり減っていきますから、一定期間ごとに取り替えていきます。新しいレールは製鉄所で作られて保守用の基地に運ばれ、そこからレールを取り替える現場に持ち込まれます。このレール輸送に活躍するのも、既に何回か登場している長物車（形式記号チ）です。

現在の鉄道は主要幹線ではロングレールを使用します。通常のレールは1本の長さが25mですが、これを溶接して200mの長さにしておきます。これをチキと呼ばれる貨車を何両もつなげて載せています。当然1本のレールが何両もの貨車にまたがるようになります。先ほどのアラスカのバスのようなことです。これを輸送するとカーブでは積み荷のレールがくねくね曲がっていきます。意外に鉄は弾力があるのです。

こうした輸送は長年、機関車とチキによる貨物列車が担ってきましたが、2017（平成29）年にJR東日本はキヤE195系気動車による11両編成のレール輸送専用車を開発、運用に入りました。自走できますから、工事現場に簡単に乗り入れられます。JR東

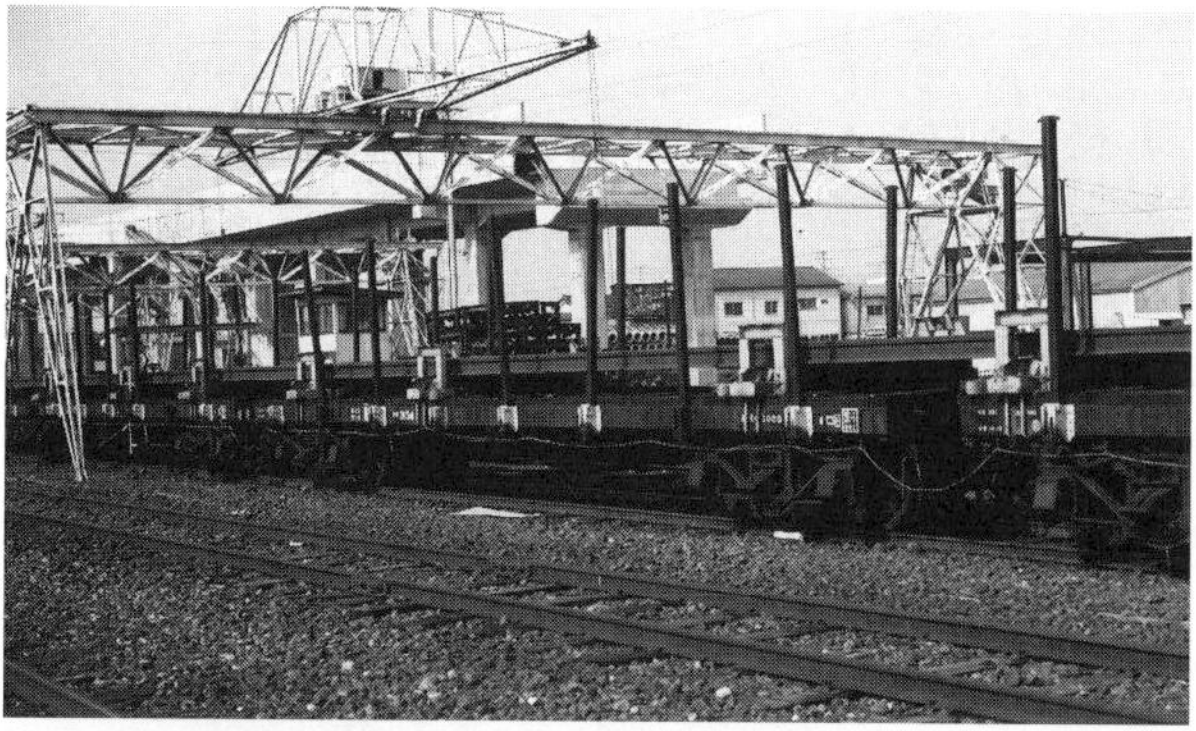

レール輸送用基地で長物車にレールを積み込む
1975.7.20　長町レールセンター　撮影：片山康毅

カーブ区間は長物車に積まれた200mロングレールも曲がっていく
1968.6.1　室蘭線　写真所蔵：交通新聞社

海にも同種の車両があります。貨車による輸送が置き換わっていくことでしょう。

日本最大級の車両は大物車

「かつかも」という言葉をご存知でしょうか。「濶大《かつだい》貨物」の略語で、車両限界を超えるような大型の特殊な貨物を輸送します。そのために整えられたのが大物車（形式記号シ）でした。大正期に生まれ、戦前に大型化していきます。軍部の要請で大型の艦砲を輸送する必要が出たためです。戦後にもっぱら利用されたのが、電力会社が使う変圧器の輸送で、こちらも発電所の規模拡大に合わせて大型化していきます。

大きく重い特別の貨物を輸送する大物車には独特の工夫がありました。まず大きさ対策としては、車両の中央部分を凹ませて低床にしてスペースを生み出します。重さ対策は車輪をたくさん備えて車軸にかかる重量を分散しました。このため大物車自体も巨大化し、一番大きいシキ３００、７００などは全長が40m近い長さになり、通常はシキ１両のために前後に貨車を連結した特別編成の列車で輸送しました。

これほどの巨大物でなくても、通常の貨車では運べない大物があります。例えば戦車で、

低床式大物車のシキ1001　1975.10.14　高砂工場　撮影：藤井　曄

全長が40m近い最大級のシキ700　所蔵：岡田誠一

これは長物車に搭載します。戦車の性能は大きさによって左右されますが、ある時期まで戦車を移動させるのは鉄道輸送が前提になりましたから、日本の鉄道は狭軌なのでその分だけ戦車の大型化には制約ができます。戦前の陸軍はソ連との地上戦を想定していましたが、こうした制約をどう作戦面で乗り越えていくかに頭を痛めたようです。

重量物を吊り上げて移動させる目的で作られたのが操重車（形式記号ソ）です。用途は主に二つあります。一つは事故で線路をふさいだ車両を撤去、復旧させるためのものです。

事故復旧用の操重車　1974.2.23　鹿児島運転所　撮影：和田　洋

一番手前の橋梁を架け替える準備作業中の操重車
1970.10.7　落部〜野田生　写真所蔵：交通新聞社

各地の車両基地に待機して、復旧用の器材を積んだ救援車（形式記号エ）と一緒に現場に出動していました。もう一つの役割が、橋梁などの重量構築物の設置、取り換えです。水平の車体から横にせり出すホイストによって橋梁を吊り上げる仕組みで、重い場合は2台の操重車が左右から協力して持ち上げました。

ホームを切り落とした新幹線の甲種回送

鉄道車両を運ぶのも鉄道の役割の一つです。「甲種輸送」と呼ばれるもので、正式には「甲種鉄道車両輸送」といいます。車両メーカーで新製された車両を、ユーザーの各鉄道会社に輸送します。日本の私鉄は、ほとんどが貨物や荷物輸送を扱い、国鉄と連絡運輸をしていましたので、線路もどこかではつながっていました。現在もこうした連絡線が残っている例が多く、こうしたルートを活用してメーカーとＪＲや私鉄各社の間の輸送が現在も行われています。

甲種輸送で大きな話題を集めたのが、東海道新幹線開業の際の車両輸送です。新幹線は当初、小田原市鴨宮地区に設けられた約30㎞のモデル線で、各種の試験を行うことになり

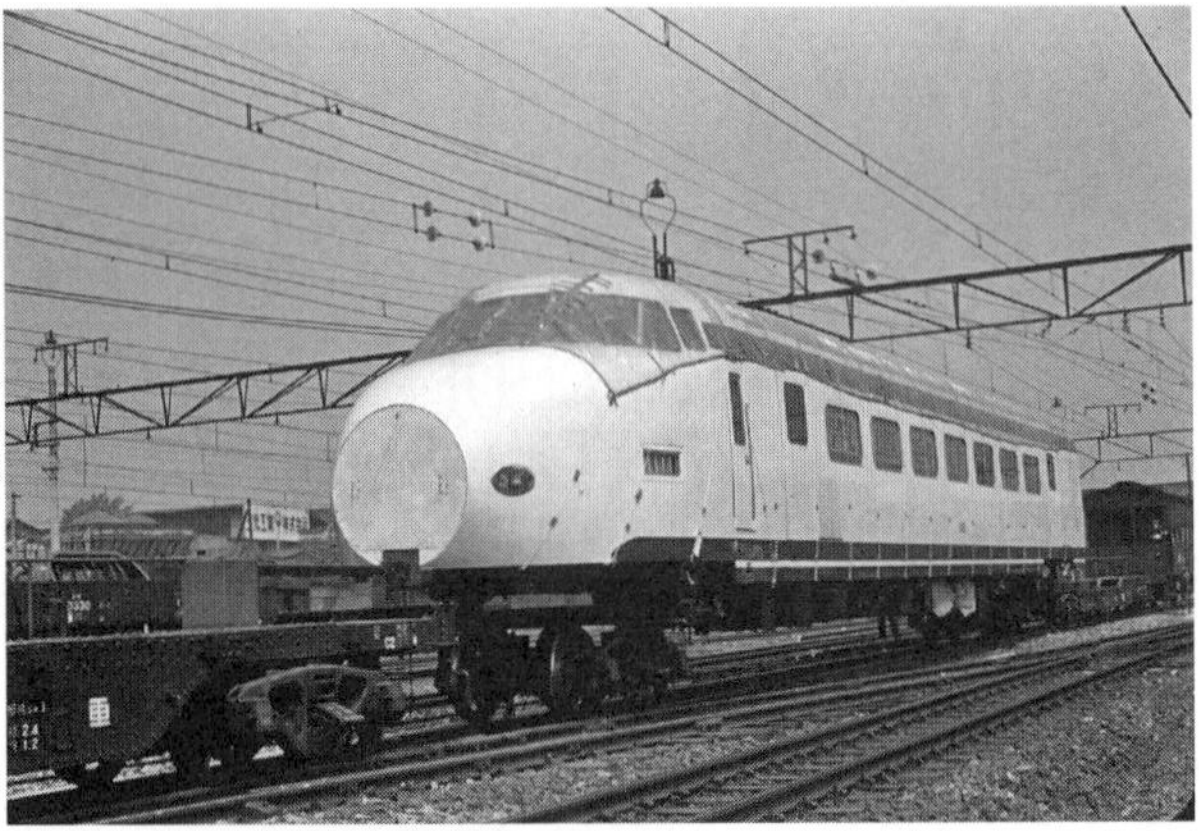

鴨宮へ輸送される試験編成用の新幹線車両
1962.5.23　大崎　撮影：星　晃

秋田新幹線「こまち」の甲種回送
1996.9.26　写真所蔵：交通新聞社

貨車の主な車種別両数の推移

	1949	1955	1960	1965	1970	1975	1980	1985
有蓋車	34370	39941	47093	67272	77703	66904	58666	18049
有蓋緩急車	4140	3117	3487	3406	3375	3047	1605	406
冷蔵車	2384	3234	4194	4894	5262	2367	1618	149
通風車	1720	1847	2551	3248	2261	332	93	
家畜車	477	573	564	814	472	18		
豚積車	89	105	250	270	86			
家禽車	43	10						
活魚車	10	9	7	3				
無蓋車	45909	36934	38531	37011	36268	26693	18505	5190
長物車	3546	3482	3317	3123	3288	1862	1719	977
大物車	64	64	76	91	80	43	35	31
車運車	15	15	2	2	904	934	933	628
コンテナ車				626	3780	6910	6420	6192
石炭車	7976	9100	10238	10090	7877	4161	2407	1554
車掌車	852	1425	1430	2002	2415	2740	3474	3050
貨車合計	108745	106223	118726	140017	149485	120597	99562	39519

ます。A編成、B編成と呼ばれた二つの編成を鴨宮へ運ぶためには、当時の輸送事情では在来線を使うことが必須でした。

輸送ルートは大きく分けて二つありました。江東地区で造られた車両を隅田川駅からいったん埼玉・蕨《わらび》市にあった日本車両東京支店に運びます。そこで日本車両製の車両と合わせて山手貨物線から東海道線を通って鴨宮へ向かいました。

新幹線は標準軌で車体も大型ですから、在来線を輸送しようと思うとあちこちで支障します。それを一つずつ見つけて対処しました。常磐線亀有駅のホームが車体に当たることが分かり、ホームの端を切り落としました。当時のホームは枕木を並べて使用していたため、こんな乱暴な手段が使えました。

難関は田端操車場から駒込へ向かう区間のトンネルでした。断面がもともと小さいうえにカーブ区間のため、新幹線の車体とトンネルの間が5㎝くらいしかなかったそうで、この区間を通過するときは最徐行で、職員が物差しを隙間にあてて、計算通りかを確かめながら輸送したとのことでした。蕨から鴨宮まではほぼ半日がかりで、大変な道中でした。

このように国鉄時代の貨物輸送は多様なモノを運びましたから、貨車の種類も非常に多くなります。国鉄が発足した１９４９（昭和24）年から、ＪＲ貨物に移行するまでの主要な車種の両数表を87ページに付けました。多くの形式が国鉄末期に消滅し、コンテナ中心の輸送体系に移行しています。

コラム

換算

貨車の輸送で重要になるのが重さです。日本の鉄道は山岳路線が多く、長くＳＬが活躍していましたので、常に牽引力が不足していました。勾配に応じて機関車が牽引できる重量は限界があり、そのためには何十両とつながる貨車の重さ、しかも貨物を積んだ状態の重さを1両ごとに算定して合計しなくてはいけません。その都度計っていては大変なので、貨車には必ず重さの標記が車体に書かれていました。これを換算重量といい、空車と積車の二つがあります。数字が大きくなるので10ｔを1単位とします。15ｔ積みの貨車なら換算1・5になり、これが30両つながれば全体で450ｔの列車になります。

電車や客車は煩雑さを避けるため、5ｔ刻みでひとまとめにしました。重量41ｔの車両も38ｔの車両も換算4・0とします。しかし貨車はもっときめ細かくしなくてはなりません。何十両とつなげるために、1両ごとの誤差が大きいと全体として重量超過になりかねませんから、換算重量は小数点第1位、つまり1ｔ単位で標記します。

さらに面倒なのは、積む貨物の種類によっても重さが大きく変わってくることです。一般の有蓋車（ワム）にお米を積むのと綿花を積むのではかなり重さが違います。国鉄時代はそうした場合は、重さを読み替える換算方式があって、できるだけ実際の重量に合わせるように工夫しました。

重いのは液体です。都市圏の路線でも時々、石油を積んだタンク車の列車が走っていきます。20両くら

液体を運ぶタキは重い貨車になる。空車時は14tだが、積車は55tと標記されている　1977.10.11　大崎　撮影：永島文良

いしか連結されていないので短く感じますが、重さを聞くと納得です。現在、ＪＲ貨物の主力タンク車のタキ１０００形貨車は換算重量が空車では１・０ですが、積車の場合は５・０になります。20両連結すればもう１０００ｔ、普通の貨物列車ならば40両くらいの列車に相当します。短くてもやむを得ないのです。

貨車の形式記号はカタカナ2文字で表されるのが通例です。最初の文字は貨車の車種を表します。時代によって変遷がありますが、１９６６（昭和41）年3月現在の形式と両数の一覧表を付けておきました。多種多様の貨物を鉄道が運んでいたことが、ここからもうかがえます。

2文字目は重量です。貨物を積み込んだ積車状態の重さを5段階に分けて表します。一番軽い13ｔ以下の車両には重量記号が付きません。ワ１００００形とかカ３０００形といった軽量の貨車です。自動車輸送のためのク５０００形も、車体は大きいですが積み荷が軽いので、この部類に

コラム

入ります。以下の4段階の表示は「ム、ラ、サ、キ」と覚えやすい符号の順番になります。客車の重量記号が「コ、ホ、ナ、オ、ス、マ、カ」という順で、一度では覚えきれないのとは対照的です。この「ムラ

貨車の形式記号と両数（1966年3月）

営業用貨車			事業用貨車		
車種	記号	両数	車種	記号	両数
有蓋車	ワ	67,272	車掌車	ヨ	2,002
有蓋緩急車	ワフ	3,407	雪掻車	キ	282
鉄側有蓋車	ス	2,541	検重車	ケ	6
鉄製有蓋車	テ	1,328	事業車	ヤ	38
冷蔵車	レ	4894	工作車	サ	18
通風車	ツ	3,248	救援車	エ	123
家畜車	カ	814	操重車	ソ	47
豚積車	ウ	270	控車	ヒ	155
活魚車	ナ	3			
陶器車	ポ	362			
タンク車	タ	165			
水運車	ミ	108			
無蓋車	ト	36,611			
土運車	リ	56			
長物車	チ	3,123			
コンテナ車	コ	626			
大物車	シ	91			
車運車	ク	2			
ホッパ車	ホ	1,339			
石炭車	セ	10,010			
石炭緩急車	セフ	314			

貨車の重量区分と記号

13 t 以下	なし
14～16 t	ム
17～19 t	ラ
20～24 t	サ
25 t 以上	キ

15t貨車の代名詞となったワム23000形
1962.2.18　平井　撮影：伊藤　昭

サキ」は1928（昭和3）年に制定された「車輌称号規程」で導入されますが、なかなかそのいきさつが面白い話です。

1914（大正3）年にワ19780という形式が生まれますが、この貨車が翌年に「ワム」の記号に改称されます。有蓋車のなかで馬を輸送できるものに、それを意味する標記を付けたのが理由です。当時は馬を運ぶための車両、馬運有蓋車という車種があって、それには「ム」という形式記号が付けられていました。「ムマ（ウマ）」から取ったといいます。この「ム」を付加して「ワム」という呼び方が生まれます。「馬運が可能な有蓋車」という意味で、この時点では二つの形式を融合した「ワフ」とか「ユニ」と同じ性格でした。

1915（大正4）年から登場したワム23000形は同じ考え方で名付けられますが、15t積みで使い勝手が良かったために大量に増備され、「ワム」が当初の意味とは違って15t貨車の代名詞になっていきます。そんな中で貨車の重量記号を導入することになったため、「15t＝ワム」という形

ワの代表的車両、ワ10000形
1975.9.9　滝川　撮影：和田　洋

国鉄時代の代表的な貨車となったワム80000形
1976.8.21　木曽福島　撮影：片山康毅

でせっかく定着しているので、これを動かさずに「ム」を最初にした4文字の覚えやすい固まりがないかを考えた結果、「ムラサキ」が生まれます。ワム23000形は番号を変えずにそのまま運用されますが、それ以降は「ワム」の意味が違ってきたわけです。

　5種類の重量標記のうち、一番使われたのは「ム」、その次は「キ」で、「ラ」と「サ」は少数グループでした。有蓋車はワ、ワム、ワラ、ワサ、ワキと5種類全てがありますが、そろっていない車種もたくさんあります。現在のJR貨物ではコキやタキなど「キ」が圧倒的のようです。

ワムの積載量を増やしたワラ1形
1980.12.14　高萩　撮影：藤井　曄

ワサ1形は珍しい3軸車だが両数は少ない
1986.2.11　富士　撮影：伊藤威信

操重車の控車に使われるワキ1540
1974.2.26　小郡客貨車区　撮影：和田　洋

第5章

鉄道は文化も運んだ

映画列車に使用された「或る列車」の車両

鉄道はモノだけでなく、文化も運んでいます。鉄道の乗客が様々な情報を伝達することはもちろんですが、鉄道自体が文化を輸送することもあります。

いささか古い話になりますが、太平洋戦争中に「寫眞週報」という雑誌が発行されていました。発行元は内閣に属していた情報局という役所で、国民の戦意高揚を図る目的でした。

この雑誌の１９４４（昭和19）年3月22日号に「来た来た　活動写真が汽車に乗って」と題する記事と写真が掲載されています。記事の内容は次の通りです。

「春とはいひながら北の國はまだ雪にとざされてゐます。しかも、北海道には電燈のない村、電燈のない驛があって、人々は荒涼そのもののやうな自然の猛威と戦ひながら、食糧増産に、輸送の確保に血みどろの努力を拂ってゐます。移動映画列車は、この人々のたとへやうのない労苦に報いようと、札幌鐵道局が全国で最初に試みた快速慰問使です。

大型の特別車を改造して映寫設備を施し、観客は二百人位、しかも画面の明るさや音の確かさは、札幌の一流館にも決して劣りません。映画列車が逞しい轍《わだち》の響きと共に運ぶ娯《たのし》

「寫眞週報」1944年3月22日号に掲載された深名線の映画列車

みを、北國の人々は春の訪それ以上に喜び迎へたことでせう。」

この映画列車は、北海道でも豪雪地帯で知られた深名線（１９９５年に廃止）で運転されたようです。この記事は今から10年ほど前に、ある客車ファンによって発見されました。映画列車という事実そのものが大変興味深かったのですが、さらにファンを興奮させた事実もありました。

「或る列車」といえば１９０６（明治39）年、鉄道国有化前に九州鉄道が発注した豪華列車として有名です。残念ながら米国で造られた列車が日本に到着した時は国有化された後で、使い道が見つからずに結局事業用の車両に改造されて全国に散らばってしまいます。その車両がこ

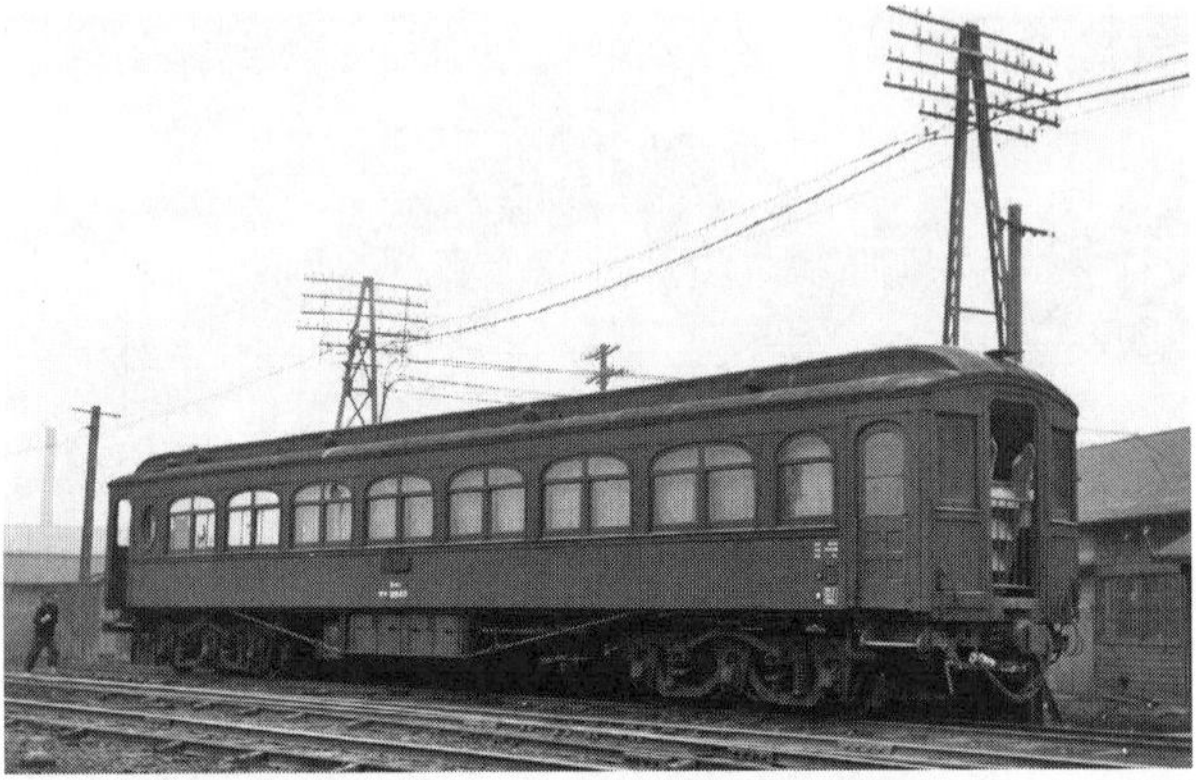
九州鉄道の発注した豪華客車はその後、事業用車に改造された。仙台地区に配置されたオヤ9840　撮影：鈴木靖人

の映画列車に使われていました。「寫眞週報」にも映っているカーブのある窓は、製造時にはステンドグラスがはめ込まれていたといいます。

「秘境駅」と呼ばれる駅が人気になっています。周囲に人家のないような地区に、ポツンと駅だけがあるような存在です。本来、駅は乗客や貨物を輸送するための場所ですから、そうしたところに駅があるのはおかしな話ですが、日本の鉄道は主要幹線でも単線のところが多く、行き違いのための駅は一定間隔で必要でした。時には周辺に人家がなくても、運転上の必要性で駅が設けられたりします。

その典型が宗谷線です。現在は廃止論も取りざたされますが、戦前は樺太へのヒト、モノを輸送する動脈でした。このため宗谷線はほとんどの駅で行き違いができ、信号やポイントを操作するために駅員が常駐していました。当時の国鉄は駅のそばに官舎があり、駅長や駅員が家族と一緒に暮らすことが珍しくありませんでしたが、周囲に人家のない秘境駅では生活物資の確保も大変です。そこで国鉄は「配給車」と呼ぶ物資販売車を作り、こうした駅を巡回します。

　国鉄には職員の福利厚生を扱う物資部という組織がありました。戦時中のモノ不足の時に、職員の生活を守るために必要な物資を調達、販売するようになり、戦後も生活が困難な時期に職員家族の生活を守ります。配給車は物資部が運営を担当、担当区域を1週間くらいで1周します。巡回する日は決まっているので、当日は周囲の職員家族も集まり、大歓迎されたということです。

生活物資を積み込んだ配給車の車内
北見　撮影：小野田滋

　配給車は北海道に多く配置されましたが、実は全国で活躍しています。大手スーパーが台頭するまで、全国に小売り店舗網を持っているのはこの物資部だけでした。大手の全国展開は１９７０年代ですから、地方の商業施設は戦前や戦中のままの仕組みだったりしていました。高崎地区に配置されていた配給車の場合、長野原線や足尾線を巡回しています。それだけニーズがあったのでしょう。

北海道を走った「レクリエーション列車」

旭川鉄道管理局管内では、１９５０年代に「レクリエーション列車」が運転されていました。保健車、販売車に広報車の3両編成です。この列車を取り上げた１９５３（昭和28）年のＮＨＫニュースがアーカイブになっていて、簡単に見ることができます。番組の冒頭でアナウンサーが原稿を読み上げます。「雪の深い北海道の山村の人を慰めようと、このたび国鉄・旭川管内では『レクリエーションカー』という名の列車が走り始めました」。

保健車には医師が乗り組み、医療施設のない地区で住民の健康相談や検査にあたりました。販売車には生活物資が積まれて住民に販売します。ニュースでは「値段が大変安いので人気を集めております」と紹介されています。広報車には国鉄職員のアマチュア楽団が

物資部ストアは付近の住民も利用した　1972.6　写真所蔵：交通新聞社

乗り込み、音楽を演奏しています。娯楽の少ない地区では大歓迎されたことでしょう。当時の国鉄は本来の業務以外に、こうした地域貢献にあたる業務も手掛けていました。各地の物資部は本来は職員と家族のためのものでしたが、実際は近くの住民にとって欠かせない商業施設として広く利用されています。昭和40年代の地方の駅前の写真には、「国鉄ストア」などと書かれた看板を掲げた店舗が見えることがあります。

こうした背景があるために、災害の時などは住民が一致して協力します。大雪の際の除雪は、国鉄の関係者だけではとても人手が足りません。地元の人たちが総出で作業にあたります。駅で立ち往生して車内に閉じ込められた乗客に対しては、付近の住民が炊き出しのおにぎりや熱いお茶を配

診察、検査のできる保健車の室内
1984.10.7　新津　撮影：片山康毅

ります。そんな強いきずなも、鉄道は運んでいたのでした。

ニュースの画面に映った駅名は石北線の瀬戸瀬で、雪に埋もれていますが大勢の住民が列車に集まります。画像から見るとどうも貨物列車に連結されて到着、駅で数時間留置されていたようです。発車の際は住民がみんなで手を振って見送ります。歓迎されている様子がうかがえます。

ニュースにも登場する「保健車」は、国鉄の正式な車種形式で１９８０年代まで活躍します。国鉄職員の健康診断のために、必要な医療機器を積んで各地を巡回する車両で、やはり北海道に多く配置されていました。車内にはＸ線撮影装置や各種の測定機器が置かれています。

都心のビルの横に「健康診断車」と書かれたバスが止まって、ビルに勤務する社員が検査を受ける光景を見ることがありますが、この鉄道版です。医療施設の乏しい地域を巡回、地区の拠点の駅に数日間止まっています。地域の国鉄職員や家族が、そこに集まって健康診断を受けるという仕組みでした。

第１章で取り上げたように、荷物輸送の中で、「急送品」という指定を受けるモノがあります。「映画フィルム」がその一つでした。ちょっとした町なら必ず映画館があった戦後の時代は、まず東京や大阪でロードショー公開されたフィルムは２〜３週間単位で全国を巡回します。映画館では予定を組んで次の映画を公開しますから、遅れるわけにはいきません。そうした定時性に加え、フィルムは引火しやすく熱に弱いので、輸送環境にも気を配りました。

新聞の原稿も「急送品」です。ファクスのなかった時代、記者の書いた手書きの原稿は列車に積まれて本社に送られます。遠隔地からでは着くのが翌日になったりします。到着した原稿は編集されて印刷に回り、出来上がった新聞はまた列車に積まれて地方に運ばれます。自分が書いた原稿が載った新聞を読むのは５日後などということも珍しくありませんでした。

上野駅を発車する夜行急行に新聞を積み込む
1971.7.19　写真所蔵：交通新聞社

急行の荷物車は新聞用

新聞や雑誌の輸送は、公共的な使命を帯びた国鉄の大事な役割でした。新聞列車としても有名だった羽越線経由の急行「鳥海」は、1980年代は新潟地区と山形県庄内地区への新聞輸送のために荷物車を3両も連結していました。新津で2両を切り離し、新潟へ送り込みます。残る1両は羽越線の各駅で新聞を降ろしていきます。新聞は公共性が高いということで、通常よりも大幅に割り引いた運賃を設定されます。さらに朝刊は夜間の荷扱い作業になりますから人件費がかかり、おまけに復路は積む荷物がないというまことに国鉄にとっては手間がかかるわりに収益の上がらない商品でした。

特急「はと」編成に組み込まれたスハニ35
1960.4.3　東京駅　撮影：浦原利穂

新聞は夕刊と朝刊を発行します。販売店から家庭に配る時刻を基準に印刷、輸送の時間が決まりますから、「どうしてもこの列車でなければいけない」という列車がでてきます。客車特急の「つばめ」「はと」の時代、東京を12時30分に出発する「はと」の先頭車スハニ35には、静岡県下に配達される夕刊が大量に積み込まれました。静岡到着は14時58分。停車時間はわずか2分で、この間に全部の新聞を降ろすため、担当職員だけでなく、駅の助役まで総動員で必死になって作業をしますが、それでも発車が遅れることはしばしばだったそうです。

降ろされた新聞のうち、静岡市内以外に配るものは、静岡で追い抜かれる普通列車の京都行きに積み替えられます。静岡駅は毎日この時間は戦場のような騒ぎだったということでした。

　1958（昭和33）年に特急「あさかぜ」に20系車両が導入されます。先頭の電源車兼荷物車はマニ20という形式でしたが、翌年の「はやぶさ」20系化の際に、一回り大きいカニ21が造られ、「あさかぜ」に投入されます。これも新聞が理由でした。

「あさかぜ」には中京、関西地区への新聞が積まれていますが、マニ20では積み込める荷物の容量が小さく、改善を図ったのです。マニ20は3tしか積めませんでしたが、カニ21は5tを積めて、状況はかなり改善しました。

　当時の時刻表を見ますと、長距離鈍行が深夜、未明の時間でも、各駅に丁寧に停車しています。もちろんそんな時間でも利用する乗客がいたかもしれませんが、新聞を降ろす必要も大きくありました。例えば東京を23時35分に発車する大阪行き131列車は深夜ということもあって、静岡までは急行並みの停車駅で快速運転します。ところが3時49分の掛川発から急に各駅停車に変貌します。これなどは朝刊を配るためだと見当が付きます。

　1980年代後半から、印刷・伝送技術の発達と高速道路網の整備で、大手の新聞社は地方に分散して印刷拠点を設置するようになり、東京で刷った新聞を全国に輸送する必要が薄らいできました。それでも需要は続いていきます。スポーツ紙や業界紙は印刷拠点が

新聞用の荷物設備を付加したが荷物車にならなかったカヤ24 5
1977.3.20　大阪　撮影：藤井　曄

少なく、東京で刷った新聞を全国に配送する必要がありました。そこで活用されたのがブルートレインの荷物車です。

積み込む量は一時に比べれば減ってはきましたが、それでもまとまると相当な量になりました。このためにわざわざ車両を改造した例がありま す。１９７３（昭和48）年に製造した24系特急の電源車マヤ24は、荷物を一切積まない前提で関西と九州の間の寝台特急に使用されました。ところが１９７４（昭和49）年になって新聞を搭載する必要が生まれ、室内に最小限の０・５ｔの荷物積載スペースを作って対応します。それでも重量が増えてカヤ24に型式変更しました。限定的な設備だということで、荷物車とは扱わず、カニにはなりませんでした。

現在も残る上野駅での夕刊輸送　2020.10.19　撮影：和田　洋

新聞輸送は現在も小規模な形で全国で続いています。特に配達までの時間的余裕が少ない夕刊の場合に、鉄道を利用する例が多いようです。房総地区では2010（平成22）年まで、電車で夕刊を輸送していましたし、現在も昼過ぎに上野を発車する高崎線・宇都宮線の列車に新聞が積み込まれ、群馬県や栃木県に夕刊を輸送しています。大宮駅の京浜東北線ホームの北寄りには、荷物電車が新聞を降ろした専用ホームがまだ残っています。一番先端ですから、そのつもりで見に行かないと気が付きません。

雑誌も非常にかさばる荷物でした。昭和30年代は週刊誌の黄金時代で、「週刊朝日」「週刊新潮」「サンデー毎日」などが100万部を超す部数を誇りました。週刊誌の建前は「全国一斉発売」です。印刷は大半が東京だけでしたから、遠隔地は翌日になることもありましたが、各誌の発売日前には大量の雑誌が汐留駅や隅田川駅に持ち込まれます。週刊誌は当然、発売される曜日が決まっていますが、連休や年末などは前後にずれることがありますから、荷物輸送の関係者は発売日の変更には注意を払いました。

子供や主婦向けの雑誌は、新年号や新学年号には「特別10大付録」といった企画で、各出版社は知恵を絞ります。ただでさえ分厚い雑誌が付録でさらに膨らんでしまい、運びきれなくなってしまいます。そこで国鉄は出版社に、付録だけは先送りして欲しいと要請しますが、出版社もギリギリまでいいアイデアを絞り出したいので、調整はなかなか大変だったそうです。

1956（昭和31）年正月号の雑誌輸送の記録があります。輸送した総量は1万4000tで、前年より2割も増えました。このうちの4割は定期の荷物車で輸送できましたが、とても通常体制では運びきれず、荷物車を臨時に増結したり、貨車を代用して乗り切ります。臨時運用に駆り出されたのは荷物車で延べ27両、貨車では500両を超す大型輸送になりました。

「週刊少年ジャンプ」は1994（平成6）年末に650万部という雑誌の部数として

は最高記録を打ち立てます。この時期は既に鉄道の荷物輸送は廃止されていましたが、専門家によればこれだけの部数を全国同時に発売するのは、驚異的なことだそうです。鉄道時代からの様々な配送ノウハウが生かされているようです。

特別体制を組んだ宗教団体の輸送

宗教と鉄道もいろいろなつながりがあります。まず中心となる宗教施設への信者の輸送が必要です。奈良県天理市に本部を置く天理教は１００万人を超す信者がいます。天理教では教祖の没年から10年ごとに、年祭を執行します。１９５６（昭和31）年は教祖70年祭で、百数十万人の信者が参加したといいます。近鉄はこのために大阪・上本町駅の前に、天理の本部と同じ黒い門を作って話題になります。国鉄は担当する天王寺鉄道管理局に輸送本部を作り、臨時ダイヤの作成、車両の手配を進めます。

大祭は1月26日から2月18日まで24日間行われ、各鉄道管理局に出された臨時列車の要請を合計すると43万人に達しました。車両不足の状態はまだ続いていましたが、仮に臨時列車を設定できないと、信徒は一般の列車に乗り込むために定期列車が大混乱することが

近鉄天理駅　1番線（右）は臨時輸送の際に使用される
2017.11.5　撮影：和田　洋

予想されます。このため国鉄は本社、関西総支配人、天王寺管理局と天理教本部の4者で対策会議を開催、東海道、山陽、日本海縦貫線などに毎日10本の臨時列車を運転することを決めます。

問題は天理駅（当時は丹波市《たんばいち》駅といいました）の設備が貧弱だったことです。このため発着線の1線増設、跨線橋の新設、客車留置線の延長などの投資を行いますが、当時の国鉄は資金不足がはなはだしく、余裕がありません。そこで天理教本部が国鉄の発行する債券（「利用債」といい、新車の投入や駅の改築の際に地元が引き受けました）を購入して協力します。

臨時輸送の1番列車は1月19日に運転された福島発の3625レで、2月23日丹波市発尻内

JR天理駅　1、2番線ホーム（右）は団体用で、普段は使用されない
2017.11.5　撮影：和田　洋

（現在の八戸）行き3219レで幕を閉じるまで、往復合計で576本が運転されます。使用された客車は最高で1日313両になりました。丹波市駅には次々と全国から列車が到着しますから、着いた列車をすぐに回送して留置、整備する場所の確保も大変でした。

信者の輸送はその後も続き、これを担ったのは国鉄（JR西日本）と近鉄です。それぞれに天理駅がありますが、こうした大がかりな輸送に対応できるよう、どちらも大きな駅舎、構内、ホームを抱え、立派な造りになっています。

これだけの大規模な輸送になりますと、運賃や乗客の整理に特別な手法を取り入れて、扱いを簡素化します。これまた例によって「鉄道公報」に指示が出ています。1966（昭和41）年

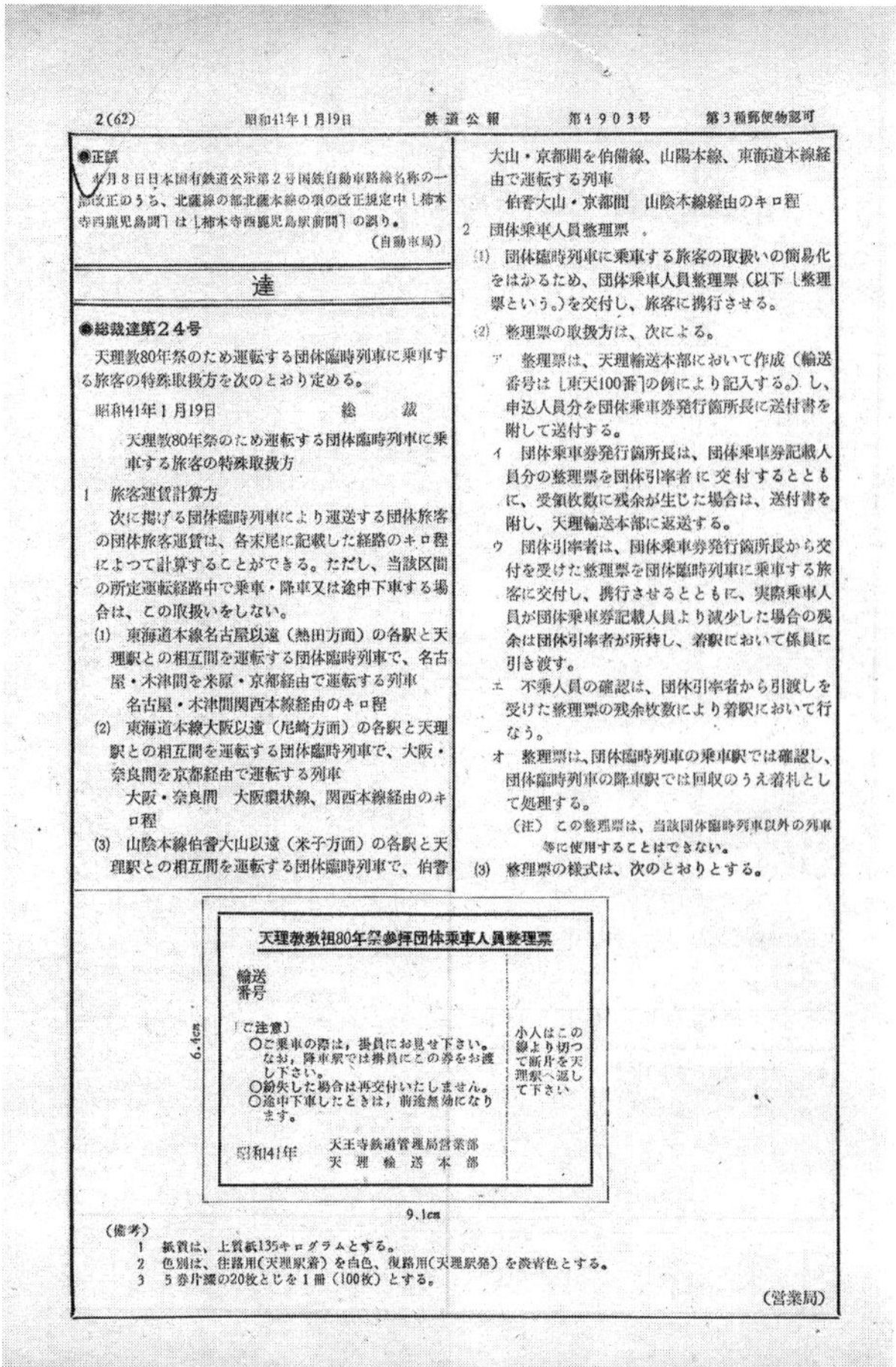

2(62)　昭和41年1月19日　鉄道公報　第4903号　第3種郵便物認可

●正誤

本月8日日本国有鉄道公示第2号国鉄自動車路線名称の一部改正のうち、北薩線の部北薩本線の項の改正規定中「柿本寺西鹿児島間」は「柿本寺西鹿児島駅前間」の誤り。

（自動車局）

達

●総裁達第24号

天理教80年祭のため運転する団体臨時列車に乗車する旅客の特殊取扱方を次のとおり定める。

昭和41年1月19日　総　裁

天理教80年祭のため運転する団体臨時列車に乗車する旅客の特殊取扱方

1　旅客運賃計算方

次に掲げる団体臨時列車により運送する団体旅客の団体旅客運賃は、各末尾に記載した経路のキロ程によつて計算することができる。ただし、当該区間の所定運転経路中で乗車・降車又は途中下車する場合は、この取扱いをしない。

(1)　東海道本線名古屋以遠（熱田方面）の各駅と天理駅との相互間を運転する団体臨時列車で、名古屋・木津間を米原・京都経由で運転する列車

名古屋・木津間関西本線経由のキロ程

(2)　東海道本線大阪以遠（尼崎方面）の各駅と天理駅との相互間を運転する団体臨時列車で、大阪・奈良間を京都経由で運転する列車

大阪・奈良間　大阪環状線、関西本線経由のキロ程

(3)　山陰本線伯耆大山以遠（米子方面）の各駅と天理駅との相互間を運転する団体臨時列車で、伯耆大山・京都間を伯備線、山陽本線、東海道本線経由で運転する列車

伯耆大山・京都間　山陰本線経由のキロ程

2　団体乗車人員整理票

(1)　団体臨時列車に乗車する旅客の取扱いの簡易化をはかるため、団体乗車人員整理票（以下「整理票という。）を交付し、旅客に携行させる。

(2)　整理票の取扱方は、次による。

ア　整理票は、天理輸送本部において作成（輸送番号は「東天100番」の例により記入する。）し、申込人員分を団体乗車券発行箇所長に送付書を附して送付する。

イ　団体乗車券発行箇所長は、団体乗車券記載人員分の整理票を団体引率者に交付するとともに、受領枚数に残余が生じた場合は、送付書を附し、天理輸送本部に返送する。

ウ　団体引率者は、団体乗車券発行箇所長から交付を受けた整理票を団体臨時列車に乗車する旅客に交付し、携行させるとともに、実際乗車人員が団体乗車券記載人員より減少した場合の残余は団体引率者が所持し、着駅において係員に引き渡す。

エ　不乗人員の確認は、団体引率者から引渡しを受けた整理票の残余枚数により着駅において行なう。

オ　整理票は、団体臨時列車の乗車駅では確認し、団体臨時列車の降車駅では回収のうえ着札として処理する。

（注）この整理票は、当該団体臨時列車以外の列車等に使用することはできない。

(3)　整理票の様式は、次のとおりとする。

天理教教祖80年祭参拝団体乗車人員整理票

輸送番号

〔ご注意〕

○ご乗車の際は，掛員にお見せ下さい。なお，降車駅では掛員にこの券をお渡し下さい。

○紛失した場合は再交付いたしません。

○途中下車したときは，前途無効になります。

昭和41年　天王寺鉄道管理局営業部　天理輸送本部

小人はこの線より切つて断片を天理駅へ返して下さい

6.4cm

9.1cm

（備考）

1　紙質は、上質紙135キログラムとする。

2　色別は、往路用（天理駅着）を白色、復路用（天理駅発）を淡青色とする。

3　5券片綴の20枚とじを1冊（100枚）とする。

（営業局）

「鉄道公報」に掲載された「乗車人員整理票」

の天理教80年祭の際の取り扱いについて、1月19日付の総裁達第24号で運賃計算の特例が明示されました。例えば東海道線の東京方面から天理への団体臨時列車の場合です。列車の経路は輸送力に余裕のある東海道線で京都まで運転して、そこから奈良線経由で天理に着いたようですが、この場合の運賃は距離の短い関西線経由で計算すると定めています。また団体列車に乗車した人員の確認が大変なために、乗車人員整理票を作って乗客に配付して簡素化しました。

東日本では、創価学会信者の富士宮への輸送が大規模なものでした。富士宮市郊外にある日蓮正宗大石寺を訪れる信者のために、品川と富士宮の間を臨時電車がピストン輸送します。それ以外にも全国から列車が設定されます。国鉄はそのために大がかりな設備投資をしました。富士駅の配線を変更し、東京方面から直進できるようにします。単線だった身延《みのぶ》線の富士〜富士宮間を複線にし、富士宮駅から分岐する留置線も新設します。富士宮駅前には何十台ものバスが並び、信者を輸送しました。

筆者は小学生のころ、偶然知り合った湘南電車の運転士さんから東海道線のダイヤをもらいます。夢中になって何度もながめたものですが、そのうち妙なことに気が付きました。最終列車が出た後の午前2時、3時ころに品川から下っていくスジがあり、列車番号の次に「(創)」という文字が記載されています。意味が分からず不思議に思ったもので、理解できたのはだいぶ後になってからでした。国鉄部内では「創臨」と呼ばれた列車で、全国から富士宮、富士へ設定され、長距離のものは20系客車が使われることもあり、ファンの注目を集めたものでした。

東京地区の信者は品川までバスや電車に乗って、ホームの上にあった団体待合室に集合します。時間がくるとホームに誘導され、団体列車に乗車して富士宮へ向かいます。筆者が大学生だった１９７０年代は、80系電車が主に使われていました。この輸送で大変だったのが、富士宮からの帰りの電車です。品川のホームで解散しますので、信者はそれぞれ自宅への電車に乗り換えて帰宅しますが、そのために帰りの車内で、乗り越しの切符を購入しました。団体列車なのに車掌さんはこの車内補充券の販売が大仕事で、乗客のほとんど全員が必要としますから、うっかりすると品川に着くまでに終わらないことも起こりました。そこで国鉄はここでも特別な整理票を作成して乗客に配り、下車駅で精算してもらうことで乗り切ったといいます。

ところが事態が変わります。１９９０年代になると日蓮正宗と創価学会の関係が悪化、信者団体の輸送もなくなってしまいました。せっかく設備投資して作った富士宮の留置線

現在は駐車場となったかつての富士宮駅構内の電車留置線
2018.12.15　撮影：和田　洋

はその後は業務用に使われれましたが、２００９（平成21）年に富士宮地区の高架化に合わせて線路が撤去され、現在は広大な駐車場になっています。

このほかでまとまった輸送があったのは金光教信者の輸送でした。山陽線金光駅のそばに本部があります。現在は撤去されましたが、金光駅には信者団体列車専用の４番線ホームが設けられていました。

１９４９（昭和24）年5月、長崎で聖ザビエル４００年祭が行われました。日本に初めてキリスト教を伝えたフランシスコ・ザビエルが九州に上陸したのが１５４９年だったことにちなむ祭典で、長崎では１万５０００人が参列して荘厳なミサが行われます。これに合わせて世界

特急「はと」に増結されて東京に向かうマイ38 1
1958.5.4　京都　撮影：筏井満喜夫

外国人観光客用に１人掛けの特別仕様としたマイ38の室内
所蔵：岡田誠一

各地から参列者が来日します。占領下の日本にとっては海外から多くの要人が来日する初めての国際的行事だけに、国鉄は本社内に対策本部を置くほどの神経の使いぶりでした。特急、急行列車の増結や臨時列車の設定で対応します。

占領期にはしばしば海外からの視察団や観光団が訪れました。東京に着いた外国人はおおむね京都、奈良を訪れますので、東海道線を利用して旅行します。体格の大きい外国人を日本人と同じ車両に乗せるのは窮屈だというので、2両の1等客車が特別に作られました。マイ38という形式のこの特別車両は、1人掛け座席を2列配置したゆったりした室内で、しばしば特急「つばめ」や「はと」に増結して運転されました。

繰り返し企画される全国巡回列車

1950(昭和25)年はNHKの放送開始25周年にあたります。ちょうどその時期にテレビジョンの放映実験が進められていて、試験放送も始まりました。NHKはカメラや受像機、必要な付随設備を積み込み、仮スタジオの設備まで備えた特別車両を2両用意し、記念事業として「全国巡回ラジオ列車」を運転しました。列車は5月1日に東京駅を出発、各地に数日間滞在して西日本を巡回、東京に戻った後に北海道に渡り、９月４日に上野へ帰着します。この時点では、テレビを見るのは初めてという人がほとんどで、各地で毎日数千人の来場者があったといいます。

この時に巡回した都市は、静岡、名古屋、大津、大阪、広島、防府、福岡、熊本、松山、徳島、東京、水戸、仙台、盛岡、函館、小樽、上野です。ほとんどが国鉄の駅や貨物側線を使用していますが、熊本だけは熊本電鉄藤崎宮前駅の側線に留置しました。国鉄の熊本駅は中心部からは離れていましたから、便利の良い熊電駅が選ばれたのでしょう。一方で大勢の人が訪れることが予想されたため、十分なスペースも必要で、小樽の場合は港に近い浜小樽貨物駅の構内を利用しています。

同じような記念行事で作られたのが「動く鉄道博物館」列車です。１９５２（昭和27）年は鉄道開業80周年でした。戦後の混乱も収まり、鉄道も新車が次々投入される活気ある時期だったため、国鉄は2両編成の車両に鉄道知識を普及する展示品を積んで、全国を巡回させます。このために改造された車両がホヤ１６８００形の広報車で、古い木造客車を改造しましたが外部塗装は当時人気のあった湘南電車の塗色を使い、橙と緑に塗り分けました。１９５２（昭和27）年９月19日付の朝日新聞に、この博物館列車の記事が出ていま

鉄道80周年を記念して作られたホヤ16800形広報車は２両編成で全国を巡回した　撮影：鈴木靖人

湘南色に塗られ窓に「動く鉄道博物館」の表示を付けたホヤ16800
1954.10.14　品川　撮影：伊藤　昭

ポンパ列車用に改造されたオハユニ6172。中に発電機を積み、各車両に電源を供給した　撮影：鈴木靖人

す。九州・広島地方、仙台・盛岡・秋田地方、大阪・米子・岡山地方の3方面に分かれて、約2カ月間巡回する計画でした。この列車を報道したニュース番組を見ますと、列車が止まった駅を大勢の群衆が取り囲んでいて、大変な人気だったことがうかがえます。

列車で全国を巡回するイベントというのは意外に人気があるもので、1970（昭和45）年には日立グループと電通の働きかけで、「ポンパ号」が造られます。当時日立が販売していたカラーテレビのブランド「ポンパ」を使ったいわばショールーム列車で、カラーテレビの原理の解説、製造工程の紹介や商品の展示などでした。当時国鉄は大阪万博後の乗客の落ち込みを食い止めるため、「ディスカバー・ジャパン」

機関車を含めて派手な塗装となった「アメリカントレイン」
1988.9　写真所蔵：交通新聞社

キャンペーンを実施していますが、この列車はその一環にも組み込まれ10月14日の鉄道記念日から運転を開始、翌年6月まで九州から北海道まで全国203カ所を回ります。100万人近い人が訪れたといいますから、キャンペーンとしては大成功だったでしょう。

列車は日立が製造した蒸気機関車C11 91を先頭に客車5両の編成で、客車は戦後に造られた60系の鋼体化改造車を再改造しました。車両はいささか年代物でしたが、外部はデザイナーの山下勇三さんが担当した斬新なものになっています。

JRになった1988（昭和63）年に登場した同様の列車が「アメリカントレイン」です。当時、日米関係は牛肉、オレンジなどの農産物交渉をめぐって関係がギクシャクしていました。そうした雰囲気を打開する狙いと、民営化したＪＲが新しい情報発信の拠点を作ろうとしていたことが実現の背景ですが、実際に独立記念日の７月４日に運転を開始する時点では、当時の竹下内閣も関与するという国家的なプロジェクトになっていました。

使用されたのは50系客車ですが、機関車を含めて星条旗をイメージした外装に塗られ、１年間にわたり全国を巡回します。改造されたオハ50、オハフ50はそれぞれオニ50、オニフ50に形式が変わりました。展示品としての荷物を輸送するという趣旨だったのでしょうが、わざわざ荷物車として新形式を作ったほどのことだったのでしょう。ちなみに荷物車は必ず車掌室が設けられているという前提で、形式記号に「フ」を付けませんでしたから、「オニフ50」は例外形式になります。

新聞社にもあった「ダイヤ」

新聞には締切時間があります。何時までに原稿を出さないと新聞が作れないという目安ですが、これは輸送のための時間から逆算してはじき出します。

新聞を毎朝、各家庭に配る販売店では、午前3時から5時ころまでに新聞が届かないと困ります。折込広告を入れたり、配達順に部数をそろえる準備作業が必要だからです。地方へ新聞を輸送するのに便利だったのが、首都圏を夜に出発する客車急行でした。特に上野を発車する急行は東北、奥羽、信越方面への新聞が持ち込まれて、発車時刻ギリギリまで積み込みに追われています。

上野駅での荷物輸送は1964（昭和39）年に隅田川駅に移され、荷物専用列車で運ばれるようになります。この結果、夜行急行に荷物車が付いている場合は、ほとんどが新聞輸送のためと考えてよいでしょう。その例として時刻表の1972（昭和47）年6月号に掲載された「列車編成案内」から、荷物車の付いた夜行急行を拾い出してみました。これだけ並ぶと壮観です。「津軽1号」は山形、秋田県下への輸送を一手にまかなっていましたから、荷物車が2両必要でした。同様に「鳥海2号」は新潟地区への新聞を積んだ2両を新津で切り離し、新潟駅に送り込みます。午前2時台で、通常の列車はありませんでしたから、新聞荷物車のための専用列車を設定していました。

新聞社はこうした急行の発車時刻に合わせて、製作体制を組みます。当時の新聞は鉛の活字を使ってい

荷物車の付いた上野発の夜行急行（1972年6月）

名称	行先	経由	発車時刻	荷物車両数
八甲田	青森	東北線	19：05	1両
津軽1号	青森	奥羽線	19：35	2両
十和田2号	青森	常磐線	20：50	1両
越前	福井	信越線	20：51	1両
鳥海2号	秋田	上越線	21：05	3両（2両は新津まで）
北陸2号	金沢	上越線	21：40	1両
北星	盛岡	東北線	22：05	1両（仙台まで）
十和田4号	青森	常磐線	23：21	1両
妙高6号	直江津	信越線	23：58	1両

ましたので、印刷は新聞の編集部門と同じ場所である必要があり、大手町や銀座の一等地にある本社で鉛の原版を使って輪転機を回していました。刷り上がった新聞を上野駅までトラック輸送します。最低でも15分はかかるでしょう。

筆者は1974（昭和49）年に新聞社に入りますが、当時一番最初に製作する朝刊は6版といいました。「午後6時ころに印刷する新聞」という意味です。恐らく「八甲田」に積み込んでいたのでしょう。それ以降、急行の時刻に合わせて版を作り変えていきます。8版、9版、10版と進み、都内に配る最終版は13版（午後13時、つまり午前1時に出来るという意味）でした。版が進むにつれて新しいニュースが入ります。特ダネは他社に追いつかれないために最終版だけに入れるという時代でした。

新聞は30ページとか40ページを1度に印刷します。輪転機に全ての面の原版が付いていないと動かせません。当時は1ページ大の鉛の版を取り付けていました。1枚30kgくらいの重いものですから、時間がかかります。そこで1面から最終面までの締切に時間差を付けて、輪転機に順番にセットできるようにしていました。

締切時間が一番遅いのは1面、社会面と運動面でした。6版の場合を想定しますと、1面が17時40分、社会面17時46分、運動面17時53分といった区切りにします。早くから作っておける文化面やラテ面（番組表）などは16時台にセットしておきます。こうした時刻は1面から最終面まで全ての面で設定されます。さらに版が変わればそれに合わせて全て時刻が変わります。版と面の締切時刻は表の形にして1枚の紙に印刷され、新聞の編集、製作、発送といった現場に必ず張り出されていました。そしてこの表のことを、新聞社では「製作ダイヤ」と呼んでいました。まさに分刻みのダイヤだったのです。

運動面の時刻がなぜ遅いか、疑問に思われたかもしれません。この時期は新聞の価値を決める材料の一つに、大相撲やナイターの結果が入っているかどうかがありました。相撲の結びの一番は18時前ですから、どちらが勝っても結果を入れられるように準備しておきます。ギリギリで突っ込めば「八甲田」に間に合います。ところが時に、結びの一番で物言いがついて「取り直し」になったりします。テレビを見ていた製作担当者は天を仰いで、結果の入らない新聞の印刷開始を指示したそうです。

こうした新聞急行の特徴は、目的地と終着地が違うことです。乗客の立場からは、終点には7時以降に着いて欲しいところですが、新聞ではとても遅すぎます。このため、秋田へ送る新聞は「鳥海」ではなく青森行の「津軽」に載せました。その「津軽」も弘前到着は9時近くなるので、「八甲田」に載せて青森で奥羽線の上り始発列車に積み替え、やっと7時台に到着します。これでも遅いのですが、これ以上に早い列車がないのですから、仕方ありません。弘前地区では恐らく、7時台に着いた中央紙を配るためにもう一度配達便を出していたのではないかと思います。盛岡行き「北星」の荷物車が仙台で切り離されるのも同様の理由でしょう。

このように「八甲田」は新聞急行の先頭を走る重要な列車でした。東北線は1968（昭和43）年10月のダイヤ改正で全線が複線電化され、大幅なスピードアップが実現します。それ以前の「八甲田」は上野を16時台に発車しています。これでは朝刊は間に合いません。このため、当時の編成表では、「八甲田」の荷物車は白河から連結することになっています。最初から新聞輸送は期待されていませんでした。

それが改正後は19時台に発車時刻が繰り下がり、にわかに新聞列車としての重要性が加わってきます。ところが「八甲田」は、ダイヤ改正の度に国鉄内部で議論が紛糾するいわくつきの列車でした。発車時刻の19時05分は夕方のラッシュで混雑する時間です。電車のように素早く折り返す列車ではなく、入線時刻は18時25分でした。40分間、上野駅のホームを占拠するので、ダイヤ作成上は大変制約を受けます。

このため改正の準備作業の度に、運転部門や通勤輸送を受け持つ管理局からは「八甲田」の時刻を前か後ろにずらして、上野駅に余裕を作って欲しいという強い要望が出ます。折衝の窓口は荷物輸送を担当する旅客局荷物課ですが、新聞側は大反対です。理由はこれまでにご説明したことで、お分かりでしょう。

先ほどの製作ダイヤがガタガタになってしまうのです。

発車が15分早くなれば、大相撲は入らなくなります。遅くなれば、ただでさえギリギリの朝の配達がさらに遅れてしまいます。「八甲田」に限らず、全ての新聞急行の発車時刻は、新聞記者の原稿締切から販売店の配達時間まで密接にかかわっていて、この時刻が前後にずれると「輪転機の版の架け替えができない」「夕食休憩が取れない」「地元紙と一緒に配れない」といった問題が噴出して、時に組合交渉が必要になったりしますから大ごとです。この仕事を担当された国鉄ＯＢの方に伺うと、「ダイヤ改正のたびに、日比谷にある新聞協会に何度も足を運んだ」とか「10分時刻が変わるのも絶対反対と言われて手を焼いた」といった苦労話を聞かされました。

第6章　貴重品輸送は気をつかう

美術品輸送に役立った総開き荷物車

鉄道には様々な種類の貴重品が持ち込まれました。そんな実際を見てみましょう。

重要な美術品の輸送は大変神経を使うモノです。特に図体の大きな仏像などは、余裕のある空間で安定させて運びたいものです。そこで活躍したのがカニ38形という荷物車でした。この車両は1形式1両という珍車です。戦前に造られた古い客車を戦後、改造して荷物車にしました。新しい輸送方式を導入するための試験車としての意味があったようで、写真を見ればおわかりのように、側面は全てシャッターで開閉し、大きく開かれます。これによって荷物の取り扱い時間を短縮する狙いでしたが、現実はパレットを使った輸送が中心になり、このタイプの車両が増備されることはありませんでした。

ところがそのカニ38に思わぬ用途が見つかりました。大きく開かれた側面が、美術品を積み降ろしするのにうってつけだったのです。仏像の場合、まず傷がつかないように像を布などでぐるぐる巻きにして、主要部を車両に固定します。車体側面がほとんど全開できるカニ38は作業がしやすく、現場では歓迎されました。稼働するのは月に数日ですが、京都や奈良と東京の間を往復することが多かったそうです。

側面のシャッターを全て上げた状態のカニ38　1959.10.9　所蔵：星　晃

貴重品輸送で最たるものは「紙幣」です。日銀はそのために専用の荷物車を保有していました。本店から支店に新札を送り、支店からは古札や廃札を送り返します。廃札であっても市中に流れ出れば大騒ぎですから、行き帰りとも厳重警備で輸送されます。当然ながら輸送計画は厳秘とされ、同乗する日銀職員も、当日駅で車両に乗り込むまで、行き先を知らされなかったほどでした。

日銀は1948（昭和23）年に専用の荷物車を6両製造します。日銀が保有する私有車両で、国鉄が運行します。それ以前は貨車を1両借りて紙幣を積み、日銀職員が同乗して全国の支店を回りました。冬は暖房のない貨車で震え上がったそうです。貨物列車に連結されるので、旅客列車と違っていつ目的地に到着するかがはっきりしません。

一応は「列車指定」という扱いを受け、連結される列車は決められていましたが、ダイヤが乱れると見当がつかなくなります。東北の支店を回って本店に帰ってくる際、事故の影響で田端操車場で4日間足止めをくらったという話があります。紙幣の積み降ろしは決められた場所でしかできませんから、途中で下車するというわけにはいきませんでした。

トイレはありませんから、貨物列車が停車した駅で済ませます。用を足している間に発車してしまい、大慌てになったこともあったそうですが、貨物列車は足が遅いので、たいていはその後の旅客列車で追いつけたということでした。

食事も問題です。戦前、戦中は日銀にも軍隊の経験のある職員が多くいました。軍隊は野営します。飯ごうを使ってお米を炊くのには慣れていましたから、貨車の中で自炊をしました。大胆な人は、七輪と食料を持ち込んですき焼きパーティーを開いたそうでした。

現金輸送車を新製したのは、戦後のインフレで紙幣の流通量が急増し、貨車輸送では賄いきれなくなったためでした。マニ34という形式番号を与えられた荷物車は、窓を鉄板で覆うような独特の構造で、日本中を駆け巡ります。本店から遠い釧路支店への輸送は、途中で青函連絡船に荷物車ごと積み込まれ、片道2泊3日、往復で1週間かかる強行軍の出張でした。

現金輸送車は3両ずつ、品川と尾久の客車区に配置されていました。待機中は警備もなく比較的簡単に写真を撮ったり、そばに近寄ることもできました。しかし輸送中は大変です。運行情報は厳秘とされましたので、臨時列車のようにいつ運転されるかはほとんど分かりません。筆者は運転中の現金輸送車を数回見たことがありますが、全て偶然でした。

型式変更は目くらまし？

そのマニ34が1970（昭和45）年に突然マニ30に形式変更されます。国鉄では車両番号を変更するのは結構面倒な手続きになりますから、改造でもない限りめったに行いません。この時は特に理由があったとは思えず、客車ファンの間ではひとしきり話題になりました。現在も本当の理由は判明していないのですが、一説にはファンを含めた一般の人の間に現金輸送車のことが知られるようになり、形式番号を変更して気が付かれないようにしたというのですが、さてどうだったでしょうか。

マニ30に形式が変わった6両は、1978（昭和53）年度に新型車に置き換えられます。車両の老朽化のほか、国鉄の輸送事情の変化がありました。現金輸送車は長く、急行

急行「銀河」に組み込まれて東京駅に到着したマニ30
1972　撮影：和田　洋

に連結されて運転されました。国鉄は昭和30年代に、レールのつながっている県庁所在都市には全て東京から直通列車を走らせる目標を立てて実現します。日銀の支店はほとんどが県庁所在地にありますから、その列車を利用すれば直行が可能でした。

昭和50年代になり、構図が変わります。まず優等列車が電車や気動車に変わってきます。客車急行は格上げされて寝台特急に衣替えしました。旧型の荷物車では連結できません。そこでこのころから、客車急行ではなく荷物専用列車に連結されるようになりました。さらに国鉄が荷物輸送を全廃したことで、こんどはコンテナ列車に連結されます。こうした経緯から、分割民営化の際はマニ30は客車ながらJR貨物に移籍しました。

輸送中は警備の関係者が乗り込みますからトイレが

貨物ヤードに留置されるマニ30
1987.8.7　梅田貨車区　撮影：藤井　曄

あります。タンクにたまった汚物は定期的に抜き取らなくてはいけませんが、貨物輸送では必要がありませんから、ＪＲ貨物の基地にはその設備がありません。そこで定期的にバキュームカーを呼んでタンクから汲み取り作業をするという苦労がありました。

紙幣の積み込みは大井の貨物ターミナルや隅田川駅で行われ、目的地も都市の中心駅ではなく、近隣の貨物駅が終着になりました。コンテナが置かれる中をトレーラーが行き来する殺風景なヤードですが、一般の乗客が往来する駅よりははるかに警備がしやすいと、警察関係者には好評でした。最終的には２００４（平成16）年に鉄道による現金輸送は終了します。マニ30のうちの１両は小樽市の総合博物館で保存されていて、独特の輸送設備を見ることができます。

ところで現金輸送は日銀だけではありません。市中銀行も支店へ現金を送る必要があります。現在は専用の輸送車に警備員が乗り込んで運搬しますが、かつては国鉄の荷物輸送を利用して運送していました。特に地域が広くて道路事情の悪かった北海道では、国鉄への委託がしばしばだったといいます。

釧路で国鉄OBから伺った話です。北海道の銀行が札幌の本店から釧路の支店に現金を送ります。紙幣を詰めたトランクを荷物車に積み込みますが、特に警備員が配置されるわけではありません。トランクの荷札には「シヘイ」と記載していたそうです。何とも大らかなやり方です。

数分間の空白を利用した函館駅現金詐取事件

そんなことで事故が起きないのか心配になりますが、現実に起きたことがあります。1981（昭和56）年3月10日の朝、函館駅で起きた現金詐取事件でした。札幌市に本店のある北洋相互銀行（現在の北洋銀行）で、函館支店から松前支店に5000万円の現金を輸送することになりました。当時は松前まで国鉄松前線が運行しており、列車には荷物車（キハユニ25）が連結されています。現金はまず函館駅の荷物窓口に持ち込まれ、駅職員が鉄道公安官と一緒に列車に運び、列車内にいた車掌に渡して引き継ぎました。ところがこの車掌が偽者でした。

3月の函館の朝は寒く、偽車掌は国鉄職員が貸与されるアノラックを身に着けていました。さらに荷物の受け渡しの際に発行する2枚つづりの「特殊荷物用受授証」に押印して駅員に渡したため、全く疑われずに現金を受け渡しすることができました。その後に本物の車掌が現れて事件が発覚、大騒ぎになります。

結局、この事件は多くの謎を残して未解決のままになっています。最大の謎は、わずかな時間のずれをどう予測できたかという点でした。駅職員が列車に着いた時は7時4分ころだと考えられています。本物の車掌はまだいませんでしたが、現れるまでは数分間程度だったようです。本物と偽者が鉢合わせすれば、簡単に身分はばれてしまうわけで、どうしてこの数分間を前提に犯行を計画できたのかは、捜査でも大きな焦点になりました。大事件だったために後日、関係者が同じ時刻に集まって現場検証を行います。荷物係員と公安官は駅の事務室から、車掌は駅構内の車掌区から別々に列車に向かいます。ところが関係者の証言を再現すると、荷物が列車に運ばれた時には車掌が既にいたことになってしまったりして、空白の数分間がうまく再現できませんでした。

捜査当局が悔しがったのは、国鉄が問題の列車を時刻通りに出発させてしまったことで、函館署から捜査員が駅に駆け付けた時にはホームに痕跡がなく、車両の検証もできなかったということです。朝のラッシュ時にかかり、犯人は人ごみに紛れて姿を消してしまいました。

現金や有価証券、貴金属は「貴重品」に指定され、通常の荷物運賃の4倍の値段になります。必ず車掌が受け取りを確認、車掌室の中にある貴重品収納室にカギをかけて保管、輸送する決まりでした。問題は紙幣の場合はかさばることで、全車荷物車はまだスペースがありましたが、スユニとかキハユニといった合造車は余裕がありません。一般荷物とは区分けするものの、荷物室の中に積み込むことも多かったようです。

貴重品ではありませんが、地方のローカル線や中小私鉄では、荷物車を運行するほどではないが、生活に必要な物資を運ばなくてはいけないことがよくあります。そんな時には、車体の外に荷物を載せるための特殊な設備を付けて、融通をきかせました。写真は紀勢線の御坊から分かれる紀州鉄道の車両で、運転台の前に荷物台と柵を付けて、ここに多少の荷物は積めるようにしました。地方の中小私鉄の車両では、しばしば見られた構造でした。

しかし次の写真は珍しい例です。北海道のローカル線を走ったキハ03形車両で、簡易な

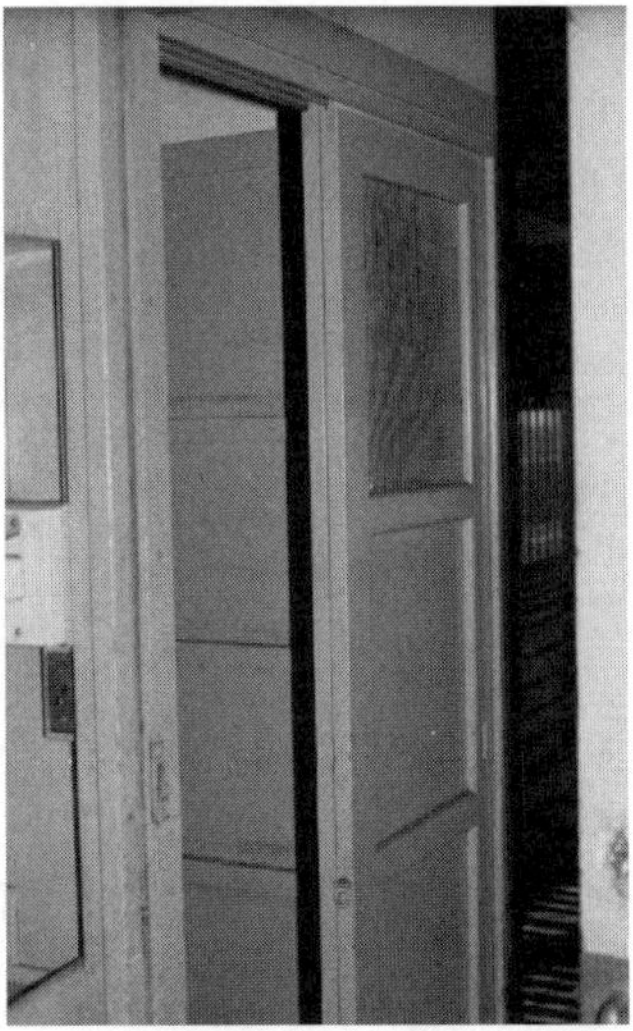

マニ36の車掌室内に区切られた貴重品室
1989.4.29　吹田操車場　撮影：野村一夫

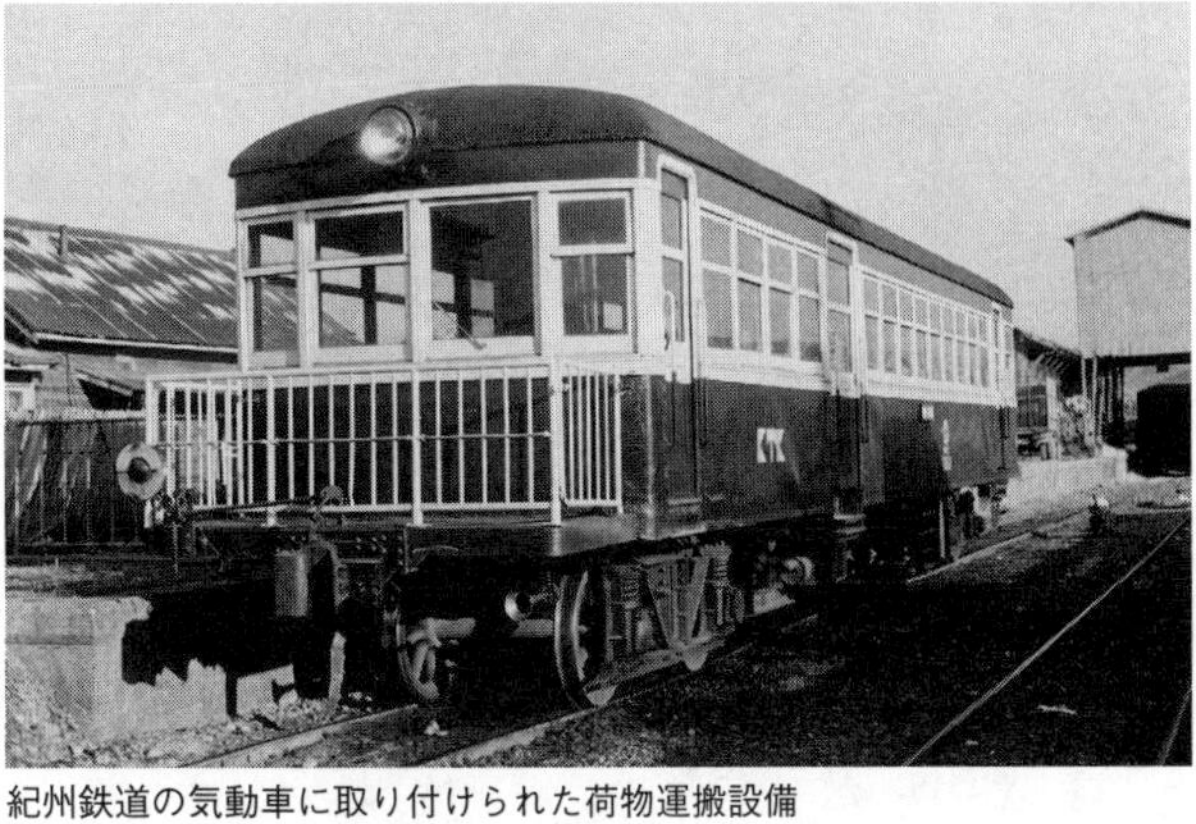

紀州鉄道の気動車に取り付けられた荷物運搬設備
1973.2.15　御坊　撮影：和田　洋

興浜南線の終点雄武に到着したキハ03形。屋根の上に農産物を積んで輸送した　1960.8　撮影：佐々木元

構造からレールバスと呼ばれます。この車両の屋根上についている柵が不思議な存在で、調べてみますとここにカボチャやイモなどの多少荷痛みしても構わない農産物を括り付けて、市場に出荷していたようでした。当然、本社が作成した型式図には掲載されておらず、現地の要望を受けて工場で取り付けたようでした。

特別車で運んだ著名人の遺体

「遺体」がモノだというと、いささか不謹慎かもしれません。ただ鉄道の輸送区分は旅客とそれ以外で、生きている人間以外は荷物か貨物になります。自宅以外の場所で亡くなった場合、今は専用の自動車で運ばれますが、これも以前は鉄道が担いました。

国鉄の荷物営業取扱基準規程では、死体は小荷物の託送範囲に含めないとしています。ただし国鉄が特に承認したものは例外とするとしていて、その場合は死亡診断書や火葬許可証などの必要書類を提出することと定めていました。ちなみに死体は1体につき500kgとして運賃計算します。

戦前は政府や軍部の首脳が亡くなった場合、国葬が執り行われました。埋葬のために遺体はしばしば特別列車や専用の貸切車両で輸送します。そんな例を取り上げてみましょう。

日露戦争の際に陸軍を指揮した大山巌元帥は1916（大正5）年に亡くなります。12月17日に日比谷公園で行われた国葬の後、遺体は上野駅から特別列車で別邸のあった栃木県・那須へ向かい、17時30分に西那須野駅に到着、同地で埋葬されます。

1921（大正10）年11月4日、原敬首相が東京駅で暗殺されます。原はかねて、葬儀は地元の盛岡で行うように話していたため、特別車両に遺体を安置して7日22時発の列車で上野から盛岡へ移し、葬儀が行われました。

一般人でもこうした輸送がありました。武藤山治という実業家がいます。鐘紡の経営者で時事新報などマスコミも傘下に置いた戦前の代表的な財界人ですが、1934（昭和9）年3月9日に鎌倉の別邸付近で暴漢に襲われ、ピストルで撃たれて死亡します。武藤の自宅は神戸にありました。いったん別邸に安置された遺体は車で東京の時事新報社に移されて社員とお別れをしたあと、13日に東京駅10時発の下関行き急行列車の最後部に連結された特別車両に安置されて東海道線を西下、静岡、名古屋、京都、大阪で多くの人の見送りを受け、21時23分に神戸に到着しました。

もう一つの民間人の例を紹介します。倉敷紡績の社長で大原美術館の創始者として知られる大原孫三郎という人がいます。1880（明治13）年に生まれ、早稲田大学に進みますが、ここで悪い取り巻きにたかられて放蕩生活を送り、たちの悪い借金を作ってしまいます。今の金銭価値で1億円を超したといいますから、派手に使ったものです。さすがに放置できないと考えた大原家は、義兄にあたる原邦三郎を東京に派遣して借金の整理にあたらせます。原は話をまとめるために奔走しますが、海千山千の金融業者との折衝に疲れたために、32歳の若さで脳溢血で急逝してしまいます。1898（明治31）年のことです。

原の遺体は急行列車に増結した2等車に安置されます。東京駅を6時に出発する神戸行の列車でした。孫三郎や姉で原の夫人の卯野に見守られて倉敷に向かいます。約18時間の行程でした。作家の城山三郎は孫三郎の生涯を描いた「わしの眼は十年先が見える」の中で、この時の情景を次のように描写しています。

「二等車一輛を借り切り、中央に白布の上に二重に布をかけた棺が置かれている。さらに駅長からの注意で、棺の周囲の窓は鎧戸を下しているので、昼も夜もないうす暗さが続く旅となった。棺とは通路を隔てて、卯野と孫三郎が坐っていた。」

当時は鉄道国有化以前でしたから、神戸からは山陽鉄道に乗り継いで翌朝にようやく倉敷に到着しています。孫三郎は義兄の死にショックを受け、この後は生活を改めて戦前を代表する実業家になるのですが、それは本書とは関係ない分野になります。

さてこのような特別車両の増結は、著名人だったために鉄道から便宜を図ってもらったのでしょうか。実はそうではなく、ちゃんと決められた料金を取っての運送サービスでした。

1920（大正9）年に発行された吉川速男著「鉄道物語」は、日本におけるもっとも早い時期の鉄道入門書のひとつで、機関車や客車の種類、鉄道の歴史などが解説されています。同時にこの本には、当時の鉄道の営業規則が紹介されていて、興味が尽きません。その中のひとつに「特種客車の貸切」と題する項目がありました。次のように書かれています。

「病客車の使用料金は左の通りであります。
イ大型病客車　病人輸送用の場合　二等普通運賃の廿人分
　　　　　　　死體輸送用の場合　二等普通運賃の廿人分と小荷物扱死體運賃」

つまり病人をベッドで運ぶ場合は旅客輸送の運賃ですが、遺体の場合はさらに荷物運賃が必要になるという理屈でした。こうした制度を紹介しているくらいですから、利用頻度はそれなりに高かったのでしょう。

さて、この料金がどれくらいのものかということです。非常に単純に、東京〜新大阪の新幹線グリーン料金を基準にしてみます。現在の料金は1万9590円ですから、これの20人分となると、39万円強となります。この計算が実態に合っているかは別にして、相当な金額であることは間違いありません。やはり一般人では手の届かない水準でしょう。

日本人だけではなく、外国人でもこうした例があります。1924（大正13）年に米国の駐日大使として赴任したエドガー・バンクロフト氏は翌年、静養先の軽井沢で亡くなります。遺体は特別列車で東京へ運ばれ、芝の教会で葬儀が行われた後、再び特別列車で横浜港へ移されます。ここで海軍の軽巡洋艦多摩に積み込まれ、丁重に米国へ送られました。

中央部に大きな扉を設けたホロへ16900形病客車　所蔵：藤田吾郎

医師、看護師が付き添う病客車

　このような遺体の輸送によく使われたのが、病客車（形式記号「へ」）です。この形式には２種類があり、一つはけがをした軍人を病院に輸送するもので、車内に畳を敷いて寝たままで運ばれます。もう一つの用途が、体調の悪い要人をベッドに寝かせたまま輸送するものです。医療技術がまだまだ低かった戦前は、しばしば病院ではなく転地療養が勧められました。病人を座席に座らせて移動するわけにはいきませんから、特別の設備を備えた車両が必要になります。

　写真はホロへ１６９００という客車です。中央に大きな扉があります。ベッドや担架が運び入れやすいための造りです。両側は２等車です。要人となる

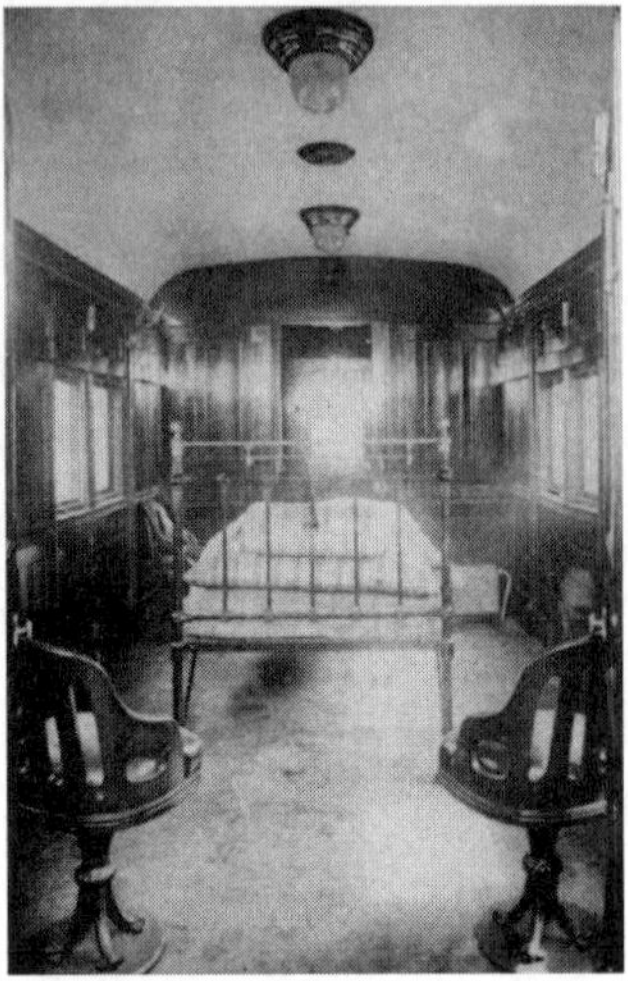

病人を輸送するため、中央に寝台を置いた病客車の室内　所蔵：岡田誠一

とお付きの人や医師、看護師などが同乗します。そうした人たちの乗車スペースも必要でした。

　皇族の葬儀の場合は、しばしば特別列車が運転されました。明治天皇、昭憲皇太后の場合は東京から京都まで運転されますが、大正天皇と貞明皇后は八王子市の多摩陵に埋葬されたため、特別列車は都内のみの運転でした。

　こうした列車の一番最後の運転例は1951（昭和26）年の貞明皇后の葬儀列車です。昭和天皇が崩御される前後に、国鉄では特別列車の可能性があるとして密かに検討をしたそうですが、結果的に実現することはありませんでした。

　1915（大正4）年、名古屋市に八事《やごと》斎場（天白区）が作られます。これに合わせて尾張電気軌道は保有していた電車を改造した霊柩電車を作りました。中央部に大きく開く扉を作り、棺を出し入れしやすいようにします。尾張電軌は終点の八事から斎場まで路線

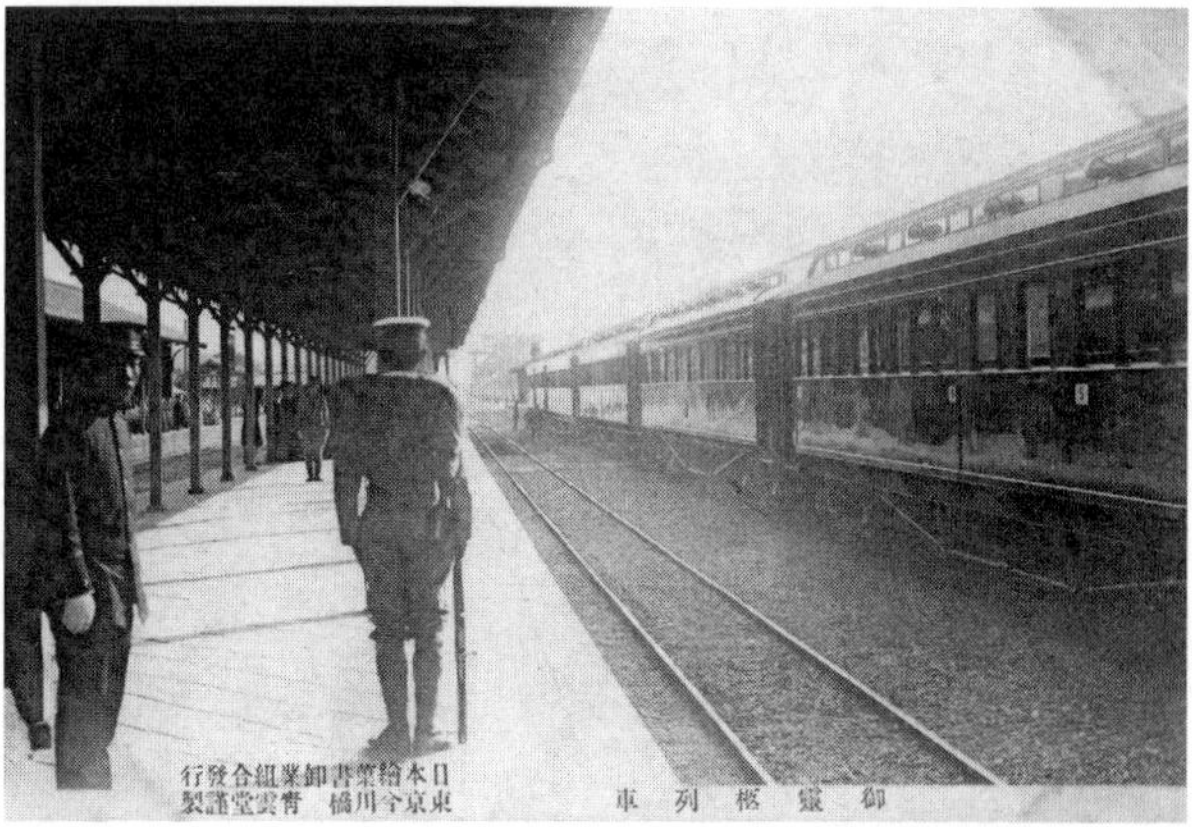

大正天皇の大喪の際の特別列車（絵ハガキより）　所蔵：藤田吾郎

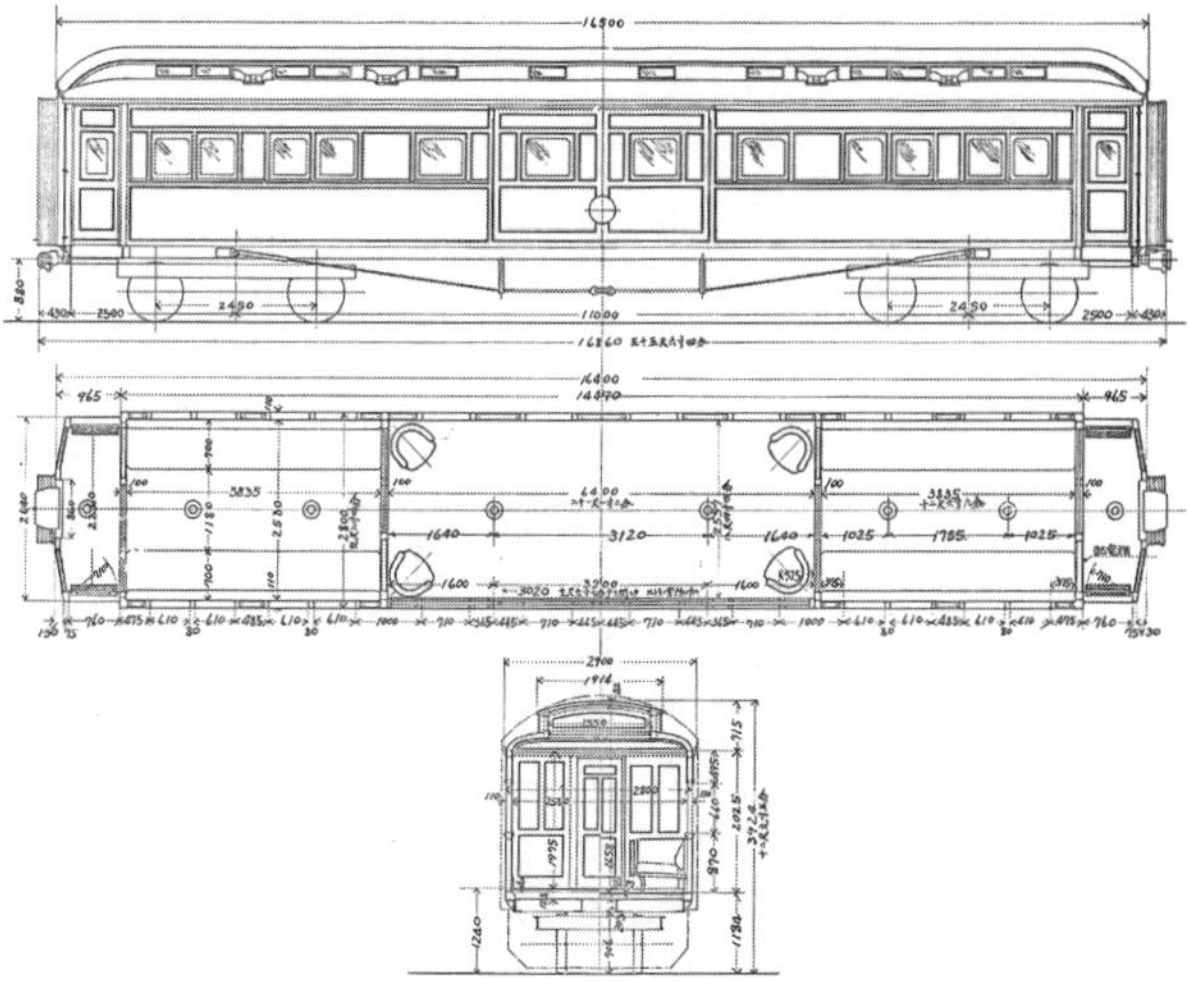

大喪のために製作された霊柩車の図面

貞明皇后の大喪のための試運転列車
1951.6.22　八王子　撮影：長谷川弘和

を延長、東八事電停を設置して墓地線と名付け乗客も輸送しました。

この路線は1931（昭和6）年に廃止公告が出ます。霊柩電車と合わせて詳しい資料が残っていないので、実態がよくわかりません。路面電車だったために、その後に事業は名古屋市に譲渡されて市電区間となり、1974（昭和49）年には廃止されたため、墓苑につながっていた路線後もなかなかはっきりしませんが、東八事電停は八事霊園の正門前にあったようです。

軍事輸送

洋の東西を問わず、鉄道は軍隊と密接に関係していきます。日本の場合も、1872(明治5)年に開業した鉄道は、1877(明治10)年に起きた西南戦争で、早くも兵員輸送を担います。この時点で開通していた鉄道網は東京・横浜地区と京都・大阪・神戸地区だけでしたが、それでも大きな効果を発揮し、これまで鉄道に否定的だった軍部が一転して路線拡張を望むようになりました。

1889(明治22)年に東海道線が全通したことは、1894(明治27)年に起きた日清戦争で大きな役割を果たします。1904(明治37)年の日露戦争の際は、広島市の宇品港から兵員を輸送するため、突貫工事で宇品線を開通させました。

日露戦争の直前にシベリア鉄道が全通します。この軍事輸送力をどの程度に評価するかは、戦争の遂行に大きく影響します。当時のシベリア鉄道は単線だったので、輸送力には限界があると日本陸軍は考えていました。ところが戦争がはじまるとロシアは、機関車や貨車を一方通行でどんどん送り付け、折り返し列車を作らず終点で放置したという話を聞いたことがあります。

またシベリア鉄道は全通したとはいえ、バイカル湖の部分がつながっていない状態でした。連絡船で輸送しますが、厳冬期は湖面が氷結、砕氷船を使っても航路が確保できません。そこでロシアは氷上に鉄道線路を敷き、列車を走らせようとします。現実に運行は始まったようですが、今度は春になって氷が割れ

病客車の車内　所蔵：藤田吾郎

て、列車ごと湖に沈んでしまう事故も起きています。

戦争が起こると負傷した兵士を病院に運ぶ必要が出ます。傷病兵を輸送するのに使われたのが、前にも取り上げた病客車でした。車内は畳敷きで、医師、看護師が介護しながら各地の軍の病院に向かいました。

1950（昭和25）年に朝鮮戦争が始まると、日本国内の米軍兵士が朝鮮半島に送られるようになります。占領軍の指示で、国鉄は専用列車を運転しました。この列車には車両の検査を受け持つ国鉄職員が同乗します。尾久客車区に勤務されていた方に、この時の情景を伺ったことがあります。東武東上線の朝霞に米軍キャンプがありました。ここを出発した列車は池袋の手前で国鉄線に入ります。戦線に向かうのですから、車内は緊迫した空気で誰も口をききません。何かあれば殴られそうなピリピリした空気に緊張したそうです。下りとは反対に、戦線から帰還する兵士を乗せた上り列車は陽気でした。解放感から兵士は歌い踊

コラム

り、チューインガムをいくらでもくれたそうです。

鉄道は兵士だけを運んだのではありません。敗戦後に中国大陸や南方から多数の日本人が引き揚げてきましたが、これらの人々を国内各地に送ることは大きな使命でした。引揚者は全国の港に上陸しますが、中国大陸からの人々は主に舞鶴港に到着します。

中国からの引揚者輸送は内戦の影響で一時中断、1953（昭和28）年3月に再開されます。その際の国鉄の記録が残っています。引揚船が着くたびに、乗車列車として国鉄は東舞鶴発京都行き、上野行き、鳥栖行きの3方向の臨時列車を用意、約5000人の引揚者全員が座れるように配慮します。大量の荷物を抱えて上陸すると想定して、手荷物用の荷物車も1両連結しましたが、実際には荷物を抱えた人はほとんどなく、必要なかったといいます。

南方からの引揚者は主に長崎県の佐世保に上陸します。大村線に南風崎という駅があり、難読駅としてしられています。「はえのさき」と読みます。現在は無人駅で1日の乗降客は10人台だそうですが、昭和20年代の時刻表には南風崎始発東京行きの列車が何本も掲載されていて、手続きを終えた引揚者を輸送する拠点駅になっていました。経験者にとっては忘れられない駅名と聞きました。

153ページの上の表は1947（昭和22）年の佐世保・長崎線の時刻表です。南風崎発上野、東京行きの列車が3本設定されています。これ以外にも臨時列車が多数運転されました。南風崎駅にはこうした引揚者輸送を伝える表示板があります。それによりますと、佐世保港には戦後の5年間に140万人が引き揚げてきました。日本全体の引揚者の約5分の1に当たります。着の身着のままの状態で、やっとの思いで日本に上陸した人たちは、そこから故郷へ向かいます。そのために、一般列車が538本、引揚列車が1147本運転されたということです。

153ページ下の画像は当時の鉄道総局で使用していた業務用時刻表の裏表紙です。こうしたスローガンはあちこちに掲げられます。当時の引揚列車を取り上げたニュース番組を見ますと、窓には「引揚邦人乗用車」という紙が貼られ、その下には「心から温かく迎えませう」という文字が記載されています。

品川駅に列車が到着するシーンがあります。ホームには大勢のボランティアの学生が、引揚者を支援するために集まりました。列車が入ってくると学生が一斉に「ご苦労さまでした」と声を上げます。多くの引揚者はここから電車に乗り換えて上野へ出て故郷へ向かいますが、品川に到着する電車は超満員で、大荷物を抱えた引揚者はとても乗り込めません。ホームに同行した支援の学生が声を上げて、「引揚者が乗車します。中の方は替わってあげてください」と呼びかけます。そうすると大勢の乗客が降りてきて、引揚者が乗り込むスペースを作っていました。

1947年の長崎・佐世保線時刻表。
8012、8014、8018レの３本が南風崎始発と記載されている
（「復刻版時刻表　戦後編」より転載）

長　崎・佐世保・鳥栖間（上り）

粁程	駅名＼行先／列車番號	博多	肥前山口	鳥栖	門司港	門司港	佐世保	鳥栖	博多	門司港	鳥栖	上野	鳥栖	肥前山口	鳥栖	東京
		420	322	422	324	424	808	326	426	432	334	8012	436	338	438	8014
0.0	長崎發	…	多良發5 45	…	5 14	佐世保發6 49	7 02	8 06	…	…	12 45	臨 南風崎發15 40	┐ 上野着6 25	15 25	東京着6 28 ┐	臨 南風崎發17 15
31.6	諫早〃	…		…	6 20		8 04	9 25	博多着15 48	…	13 49			16 38		
49.7	小長井〃	…		…	6 53		…	9 56		…	14 22			17 12		
92.4	肥前山口着	…	6 32	…	8 03	┘	┘	11 05		…	15 44			18 25		
		590	516		803		582	584			818			815		
0.0	佐世保發	10 05	23 50	5 05	5 50	6 30	7 41	8 30	9 2?	12 50	14 12	…	15 21	16 13	16 40	…
8.9	早岐〃	10 20	0 09	5 34	6 23	7 00	8 06	8 50	9 51	13 23	14 50	16 21	15 52	16 44	17 16	17 40
20.6	有田〃			5 57	長崎着9 10	7 22			10 14	13 45	長崎着17 22	16 40	16 15	長崎着19 34	17 58	レ
35.1	武雄〃	5 00	…	6 26		7 52	…	…	10 45	14 12		17 23	16 46		18 08	18 58
48.8	肥前山口着	5 29	…	6 49		8 16	…	…	11 08	14 35		17 48	17 10		18 31	19 18
	肥前山口發	5 44	…	6 55		8 23	…		11 21	14 39	15 53	17 52	17 19	…	18 44	19 19
101.7	久保田〃	5 58	博多着8 00	7 12	肥前山口ヨリ三二四列車ヲ併結	8 45	…	肥前山口ヨリ三二六列車ヲ併結	11 38	14 53	16 12	18 10	17 34	…	19 01	レ
106.2	佐賀〃	6 12		7 29		9 02	…		11 55	15 09	16 31	18 29	17 50	…	19 18	19 42
133.2	鳥栖着	6 54		8 10		9 51	…		12 44	15 54	17 18	19 11	18 35	…	20 07	20 10
	鳥栖發	7 09	┘	…		10 00	…		12 55	16 13	…	19 27	…	…	…	20 25
241.5	門司港着	…	…	…		13 48	…		…	19 53	…	‖	…	…	…	‖

（長崎本線／佐世保線）

彼杵	多良	諫早	東京	門司港
340	342	864	8018	304
16 54	17 11	19 07	臨 南風崎發23 31	22 00
長與着17 16	18 19	20 24		23 05
	多良着19 11			大村線經由
		…		
586		819		
18 19	18 41	20 30	…	
18 43	19 20	20 55	0 27	0 45
彼杵着19 15	19 49	彼杵着21 35	1 21	1 09
	20 33		2 03	1 45
	442		2 27	2 10
…	…	東京着18 40	2 34	2 17
…	…		3 00	2 39
…	…		3 34	3 03
…	…		4 18	3 39
…	…	…	4 34	3 50
…	…	┘	‖	7 49

8012　8014　8018

運輸省鉄道総局の業務用時刻表に掲載された引揚者支援のメッセージ

復員輸送　眞心こめてあたゝかく

復員輸送　感謝をこめて

第7章　鉄道と不可分だった郵便輸送

鉄道創業時から始まった郵便輸送

鉄道と郵便は深い関係がありました。日本における鉄道の創業は1872（明治5）年ですが、郵便はわずかに早い1871（明治4）年に業務を開始しています。「日本の郵便の父」と呼ばれる前島密は、鉄道の速達性に注目、仮営業を始めた1872年6月には早くも鉄道による郵便輸送が始まりました。10月の正式開業後は新橋～横浜間の9往復の列車のうち、上下各5便に郵便局員が乗務して、郵便物を運びました。袋に詰めたものを運ぶだけの、その後の用語でいえば「護送便」という方式の輸送になります。

当初は荷物室や車掌室に積み込んでいましたが、1887（明治20）年には下等客室と郵便室を組み合わせた合造車（形式記号ハユ）が登場します。さらに1889（明治22）年には、車内で郵便物を区分、仕分けをする郵便車も誕生、鉄道網の進展に合わせて最終的には全国14カ所に「鉄道郵便局」が設置され、郵便輸送が整備されていきます。

郵便の世界で、配送ルートのことを「郵便線路」といいます。文字通り鉄道網に合わせて、線路に沿って郵便が輸送されていった時代を象徴します。このため、主要都市におかれた中央郵便局はほとんど、国鉄の駅前の一等地に設けられました。区分けした郵便物を

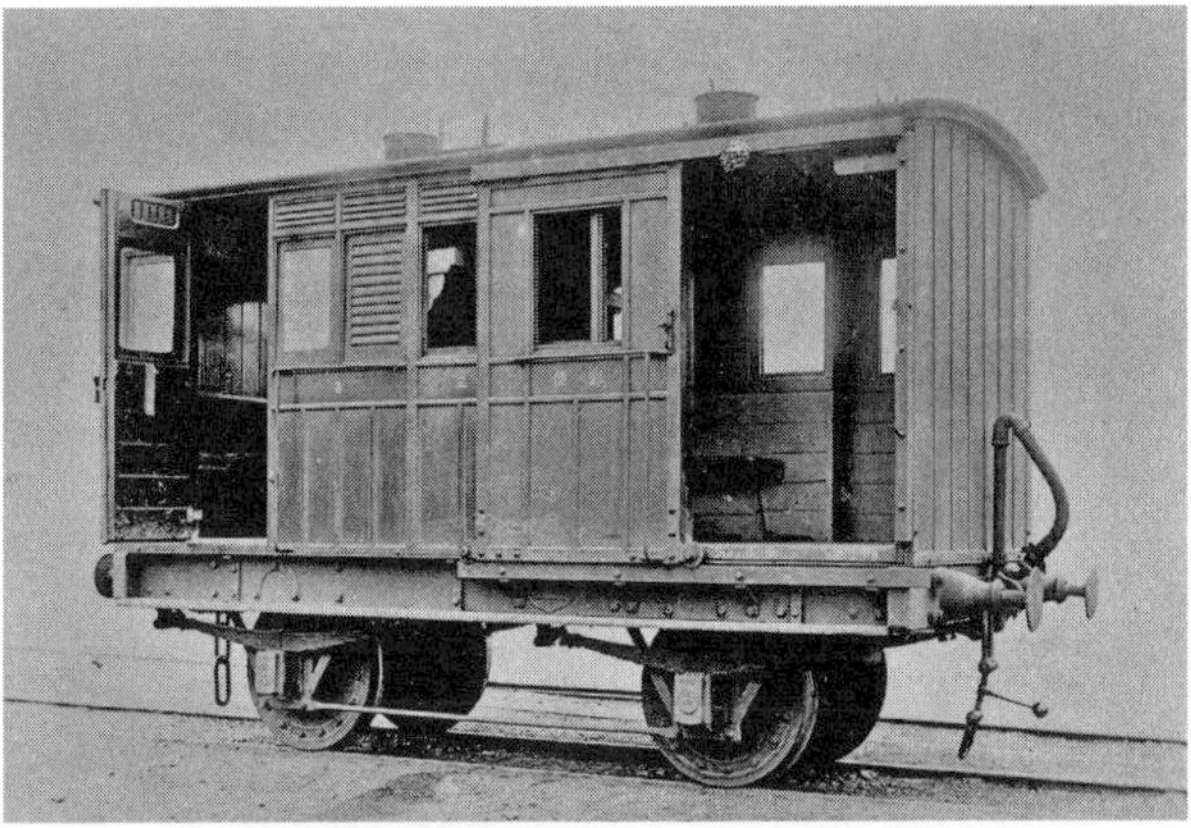

初期の郵便車　所蔵：交通新聞社

東京駅の地下通路を運ばれる郵便物と搬送車
写真所蔵：交通新聞社

郵便車内の作業風景　1975.5　写真所蔵：交通新聞社

列車に積み込むのに便利だったからです。東京中央郵便局の場合は、東京駅まで地下の専用通路があり、ここを郵袋を積んだカートが往来していました。

郵便事業には「鉄道郵便局」という組織がありました。一般の利用者にはなじみがありませんが、全国各地に置かれて郵便の鉄道輸送の業務を担当します。郵便局には格があります。一番位が高いのは東京中央郵便局ですが、これと同格だったのが東京鉄道郵便局でした。全国への郵便の配送は鉄道が一手に引き受けていましたから、重要度が高くて当然でした。鉄道郵便に従事する人たちは、日本の郵便を支えているという自負、プライドがあり、その世界では「鉄郵族」と呼ばれて結束を誇っていました。鉄郵族の人たちは、普通の郵便局のことを「静止局」と呼んでいたようで、若干そうした意識が伺えます。

実際に郵便車に乗務するのは1チームが10人程度で、まとまって行動します。車内では積み込まれた郵便物を宛先別に区分けしたり、郵袋を地域別に並べ直したりします。普通の郵便局も作業は時間に追われますが、鉄道郵便は文字通り分秒単位で駅の発着時刻が決まっていますから、全員が時計を意識して作業を進めます。それぞれ分担はありますが、乗務する区間は決まっていて、次のチームとの交代駅が近づくと、全員で荷物を整理して息つくヒマもなかったそうです。

関門トンネル10分の勝負

郵便線路には名前が付いています。東京・門司線（東門線）は東海道・山陽を結ぶメイン路線で、これを分割してチームが乗務し引き継ぎます。東京からはまず東浜（東京・浜松）、次いで浜阪（浜松・大阪）、阪糸（大阪・糸崎）、糸門（糸崎・門司）とつないでいきます。最後の糸門チームには、「関門トンネル10分の勝負」という言葉がありました。東門線の終着は門司です。下関を発車した時は郵便車内は郵袋があちこちに散らばった状態ですが、それをチーム全員で整理にかかり、門司に着いた時には掃除まで済ませてきれいな形で次のチームに引き継いだそうです。

荷物を積むのにもコツがありました。普通に積んでいくと、列車の振動で山が崩れてやり直しになります。郵袋には色々な形態の郵便物、小包が入っていて、多少の凸凹ができます。これをうまく組み合わせると崩れません。「石垣積み」と呼ばれる独特のノウハウで、ベテランが積むと一度で荷物がピタッと収まったそうです。

チームのキャップを「便長」と呼びます。交代駅が近づくと、引き継ぎのための伝票を作ります。郵袋の数、行き先、種類などの明細で、これを便長は立ったまま、きれいな字で作り上げるのでチームの尊敬を集めたそうです。貨物列車の乗務員も同じですが、書類の記載は立って行います。座って机の上で書こうとすると、振動が激しくてうまく書けないといいます。

目的地に着くと、契約してある民家に入って休憩、宿泊します。調理用具はありますが、食料は持参。チームの面々が手分けをして食事をします。軽くお酒がはいることもあったそうです。こうした行路が1週間ほど続いて出発地に戻ります。その間はいつも同じメンバーで生活を共にしますから、結束感、一体感は強いものがありました。

郵便車の荷物室扉から体を出して涼む郵便職員
1966.8.8　目名　撮影：和田　洋

郵便車は独特の構造をしています。車内で宛先を見て郵便物を仕分けするのですから、明るい環境が必要でした。車体側面の上部には明かり取りの小窓が並んで、郵便車特有のムードをかもしだします。窓から風が入って郵便物が飛ばされてはいけませんから、夏でも窓を開けることはできません。そのために氷柱が積み込まれますが、とてもそれくらいでは涼しくなりません。こうした環境改善のため、郵便車には一般車両よりも早く蛍光灯や冷房装置が取り付けられました。郵便車は一般の車両と違い、郵政省（現在の総務省）が保有する私有車両でしたから、こうした車両環境の改善は郵政省の判断で進められました。

郵便を配送するには決められたルートがあり

ます。荷物輸送のところで「積載方」を説明しましたが、同様のルールが郵便にもありました。東京で受け付けた長野県向けの郵便物は、3～4通りのルートに分けて運ばれます。

郵便番号は線路に沿って

1968（昭和43）年に郵便番号が導入されます。地域別に3ケタか5ケタの郵便番号が決められました。輸送業務の効率化が最大の狙いでしたから、制度の原案は鉄道郵便部門が作成します。この時期は鉄道輸送が原則でしたから、番号の付け方は郵便線路に沿って順番に付与されていきます。おおむねは行政単位ごとに番号が付いていったのですが、地形や交通事情によっては行政区分と違う番号になる例がありました。

典型が飯田線の沿線です。浜松市天竜区の佐久間、水窪地区は静岡県ですが、郵便物は愛知県側の郵便局から配送されたため、愛知県の郵便番号が付いています。同じ自治体内で番号が大きく変わってしまう例で、当時の自治省が郵政省に抗議し、一部は見直しがありましたが、そもそもは郵便事業の合理化のためのものでしたから、現在もそのままのところが残っています。

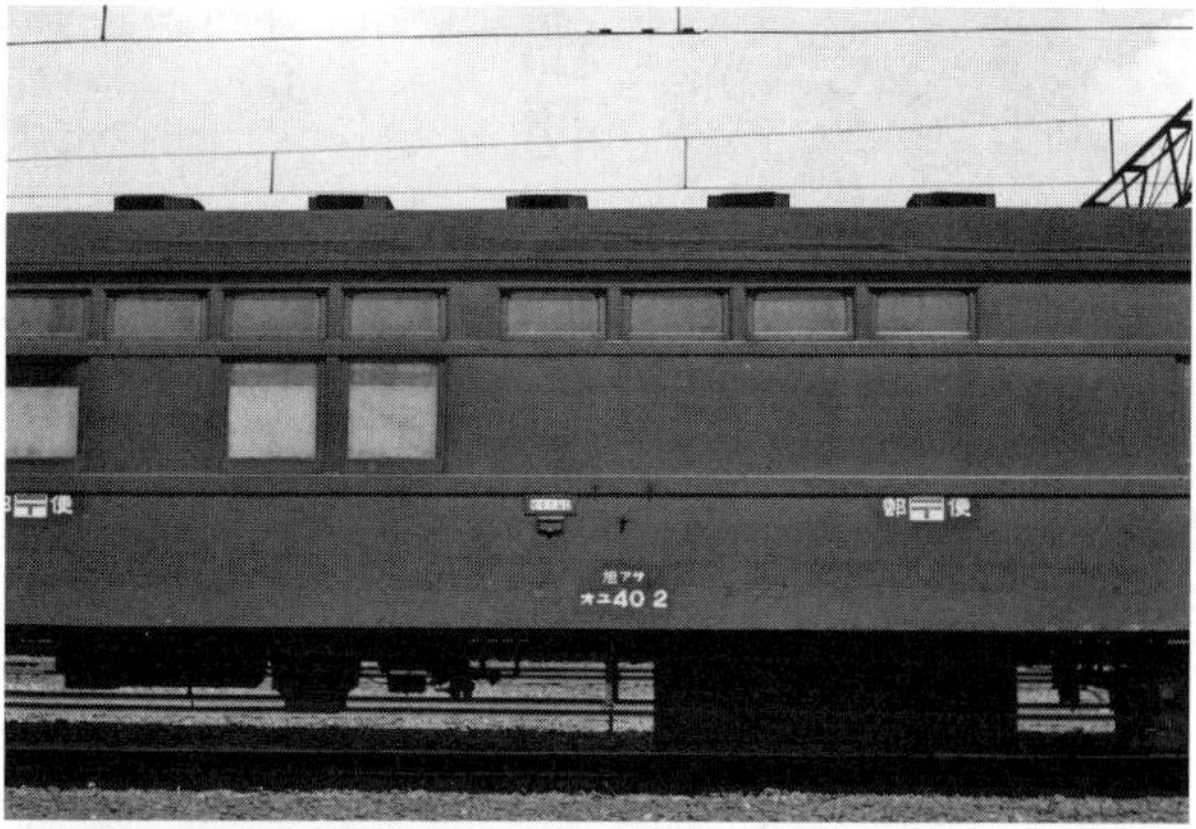

郵便車側面にあった投函口（オユ40 2）
1955.9.5　尾久　撮影：伊藤　昭

　千葉県の松戸地域は常磐線ルートですから、当初の計画では東京・足立区と同じ「12地域」とする方向でした。これに対しては自治省から強い異論が出て、結局千葉県側の「27地域」の番号が与えられます。現在も自治体区分と違う番号のところは残っています。壱岐・対馬地区は長崎県ですが、郵便番号は福岡県のものです。

　東京を夜発車する客車急行には、多くの場合に郵便車が連結されていました。夕方にかけて集配した郵便物を、郵便局で荒ごなしして方面別に仕分けします。それを郵便車に積み込んで、車内で細かく配達区域ごとに区分しました。「走る郵便局」で、翌朝には現地の郵便局に到着、その日のうちに配達されるという大変効率的な輸送形態でした。

郵便車には投函ポストが付いていました。ここに手紙を入れると、区分けしている郵便物と一緒に処理してくれるため、確実に翌日配達されます。東京駅周辺の大企業には、社内から発送する郵便物に郵便車投函方式を使うところがありました。発車は夜遅くなりますから、当番を決めて夜東京駅に郵便を運びます。当時は「定期入場券」というものがありました。担当者は毎日これを使って列車に投函するのが仕事でした。

郵便車に投函したラブレター

このやり方で伴侶を射止めたのが落語の三遊亭金馬師匠（四代目）です。小金馬を名乗っていた若手の時代といいますから、昭和30年代のことでしょう。新潟の落語会で偶然出会った「ミス新潟博覧会」の地元女性に一目ぼれします。毎日のように会いたいのですが、東京で仕事があるのでめったに新潟には行けません。そこで目を付けたのがラブレター作戦で、夜の寄席が終わると上野駅に駆け付け、新潟行の列車（たぶん急行「越後」でしょう）に手紙を投函します。これが翌日、女性の手元に届いたわけで、狙い通りの効果をあげてめでたく妻、節子さんと結婚の運びとなりました。

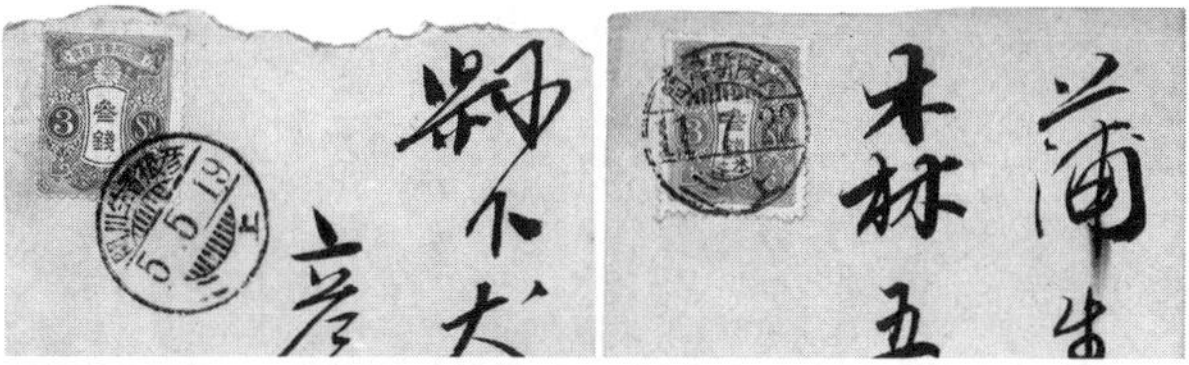

郵便車で区分した郵便物の消印。左は「彦根貴生川間」右は「大阪新津間」と印字されている　所蔵：和田　洋

郵便車への投函は一時はかなり利用されたようで、昭和20年代の時刻表には郵便車を連結している列車にマークが付いていて、当時の客車運用を調べるのに便利な資料になっています。

郵便車内で仕分け、押印された郵便物には「〇〇郵便局」ではなく、「〇〇－〇〇間」という消印が押されます。郵便の世界は鉄道と同様に趣味が盛んな分野です。こうした鉄道郵便関係グッズは郵便、鉄道両方の趣味の世界が重なる分野で、人気があるようです。

こうした鉄道郵便事業にとって、1960年代以降の国鉄の荷物・郵便輸送の業務改革は大きな影響を与えました。それまでは一般の急行列車、普通列車には郵便車が連結されています。東京駅からは午後、九州方面へ次々と急行が出発します。九州だけでなく、途中の関西、山陽方面の郵便物輸送にも大変便利でした。

普通列車は各駅に止まっていきます。地元の郵便局が集めた郵便物は少量でも列車に積み込んで車内で区分けをして集約してもらいますから、こちらも都合の良い方式です。

都合が悪くなったのは国鉄でした。まず荷物輸送が非効率になり、輸送に時間がかかります。60年代は乗客が増え続け、急行列車は増結したいのですが、荷物車や郵便車が付いていてもう余地がありません。荷物の方も増加していきますから、各駅の荷扱いに時間が取られるようになり、列車の遅れの原因となってきました。

まず問題になったのが東京の電車区間でした。列車密度が高く、各駅の停車時間は1分とか30秒だったりします。とても荷物輸送とリズムが合わないのです。筆者が子供のころ、東海道線の湘南電車には荷物・郵便電車が付いている列車がありました。80系の時代はクモユニ81、その後はクモユニ74でした。年末のお歳暮シーズンになると、ダイヤが混乱します。筆者が利用していた藤沢駅では、中央部で助役さんが発車ベルを鳴らし、イライラしながら先頭車での荷扱い終了の合図を待っているのですが、なかなか終わりません。クモユニでは学生アルバイトも動員して必死で荷扱いをしているのですが、なにしろ量が多すぎるのです。結局、発車するまで5分くらいかかることも珍しくありませんでした。

このため首都圏の荷物輸送は１９６０年代には自動車代行に切り替えられます。鉄道なのに駅に持ち込まれた荷物を、レールを使わず自動車で運ぶといういささか矛盾した光景でしたが、そうしないとさばききれなかったのです。

学生アルバイトも加わった藤沢駅の荷扱い　1963.2.23　撮影：和田　洋

次が急行や普通列車の荷物輸送でした。国鉄が打ち出したのは「客荷分離」という方針で、旅客列車から荷物車、郵便車を外し、荷物専用列車に仕立て直します。さらに荷物列車は途中駅を飛ばした急行列車扱いとして、スピードアップをして競争力を強化、コストダウンにつなげる狙いでした。

国鉄の経営の観点からは理屈に合った政策でしたが、郵便輸送にとってはまことに困ったことでした。新設される荷物列車の時刻は必ずしも郵便物の集荷とマッチしません。今までなら1時間後の急行に載せられたのですが、荷物列車は東海道線でも数時間間隔での運転でしたから、使い勝手は悪くなります。

1960（昭和35）年1月に、国鉄の担当者が郵政省を訪れて、今後の荷物・郵便輸送の方向を説明した資料があります。国鉄側は①列車番号30番台の九州方面への客車急行は新幹線開業後には全廃となる　②東京～大阪間の急行は電車化されていく……と説明、いずれの場合も郵便車を連結できる列車がなくなるので、荷物専用列車で引き受けるしかない　と説明します。

当然、郵政省からは強い不満と再検討の要請が出ます。これに対して国鉄は、長距離鈍行は廃止の方向にある、急行は客車から電車、気動車に置き換え、寝台列車は特急に格上げする、という方針を説明します。郵政省内部の文書には、「この提案を拒否して全面対決したらどうなるか」という物騒な発言も記載されていて、鉄郵関係者の反発がうかがえます。

止まらなくなった郵便車

荷物列車の急行化はさらに深刻でした。国鉄は１９７２（昭和47）年の新幹線岡山開業に合わせて全国ダイヤ改正を実施します。荷物車、郵便車を急行や普通列車から切り離し、急行扱いの荷物専用列車に集約しますが、その結果郵便物を取り扱える駅が激減します。

1972年ダイヤ改正による郵便物取扱駅の変化（静岡、愛知地区）

改正前	静岡	焼津	藤枝	島田	金谷	菊川	掛川	袋井	磐田	浜松	豊橋	蒲郡	岡崎	安城	刈谷	名古屋
改正後	静岡	→	→	→	→	→	→	→	→	浜松	豊橋	→	岡崎	→	→	名古屋

静岡県下を例にとってみましょう。静岡から浜松までの間に、それまでは８駅で郵便物を積み降ろしていましたが、急行荷物列車は全て通過となり静岡を出ると浜松まで止まりません。これらの郵便局では郵便物を送り出せなくなってしまいます。

結局、国鉄の構想は時間はかかりましたが、実現していきます。先ほど取り上げた静岡県の例でいえば、中間の郵便局の郵便物を集配するため、郵政省は新たに自動車便を出して、静岡と浜松に集約して荷物列車に積み込む方式に改めました。

郵便輸送の経営環境も変わってきます。民間の宅配便に代表される輸送サービスが拡大して郵便事業を侵食、採算が悪化していきます。自身で合理化と郵便物の速達化を迫られるようになり、遠距離郵便物は普通郵便でも航空機が使われるようになって、鉄道への依存度は年々低下していきました。

新幹線で郵便物を運ぶ構想が一時検討されました。１９８０年代のことのようです。郵政省は１９８２（昭和57）年に、東京～新大阪間で郵便列車（4両）を走らせる計画をまとめて国鉄に提案します。東京発は20時台、新大阪発を5時50分とするダイヤで名古屋だけに停車、車両は側面に5～8カ所の扉を設けて、パレットを使って郵便物を積み降ろします。郵便車は私有車でしたから、郵政省は新車を作るつもりだったのでしょう。

しかしこの構想は実現にいろいろ難点がありました。最終列車、始発列車前後でもダイヤは相当過密でしたし、保守作業の関係もあります。また新幹線の駅はそもそも荷物扱いのエレベーター等の設備が乏しく、相当量のパレットをさばくことが難しいとされて、結局実現しませんでした。

1984（昭和59）年に、国鉄は荷物輸送の一段の合理化を図ります。この時に鉄道を使った郵便線路が大幅に縮小、廃止されました。残ったのは東海道・山陽・九州線と東北線のみといってよいほどで、結局それも1986（昭和61）年に廃止、鉄道郵便局も全廃されて明治以来の鉄道郵便はいったん終止符を打ちます。

鉄道による郵便輸送はその後、人員不足や環境への対応から、コンテナを使った輸送が復活。2019（平成31）年からは岐阜県の明知鉄道と提携し、一部の郵便物輸送を列車を使って行うなど、再び鉄道郵便が行われているのはうれしいことです。

オユ10形の型式図

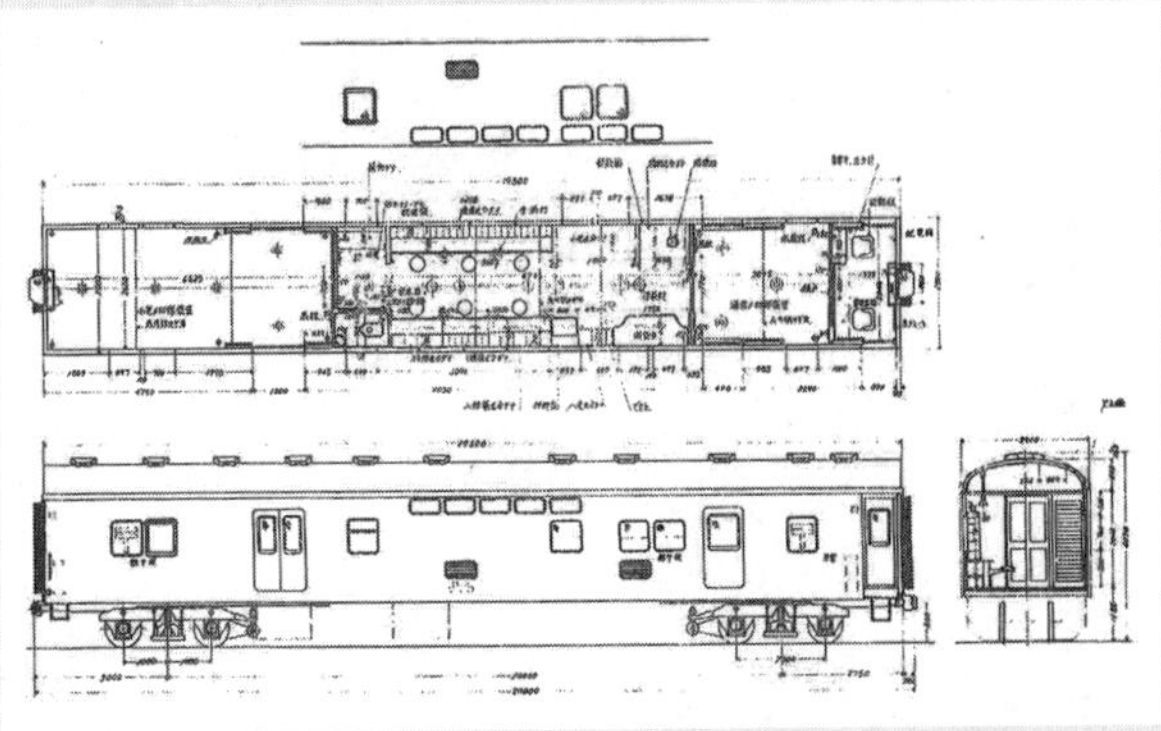

独自に進化した郵便車

郵便車は戦前の鉄道省時代は自前で製造したこともありましたが、戦後の国鉄になってからは、郵政省が造って車籍は国鉄にあるという私有車両になります。車両構造は国鉄の一般車両に合わせますが、郵政省が自分の予算で新製しますので、車内の設備などは独自の仕様が採用されます。そんな例を3点紹介します。

まず照明です。代表的な郵便車のオユ10形の型式図を付けましたが、中央部が郵便の区分室です。揺れる車内で宛先を読んで区分けをします。かつては毛筆を使う人もいましたし、達筆の宛名もあります。素早く読んで区分けするには明るい照明が必要で、通常の車両の白熱灯ではとても十分ではありませんでした。そこで戦後の郵便車は大きな白熱灯のスタンドを天井からぶら下げて、手元を明るくしますが、1952（昭和27）年に新製されたスユ41形から蛍光灯を採用します。国鉄はまだ新

天井灯は白熱灯だが、区分棚の上には蛍光灯を取り付けた
撮影：鈴木靖人

細かく棚を区切って郵便物を分類した郵便車の車内
撮影：藤田吾郎

郵便車の車体には埃を排出する通風口が設けられた
1958.8.16　尾久　撮影：伊藤　昭

製車両に白熱灯を使い続けていましたので、それに先駆けた改善でした。既存の郵便車も次々に蛍光灯に取り換えていきます。

郵便物の区分けは、郵便番号が導入されるまでは、宛名に書かれた地名を読んで分類します。ベテランの職員となると、全国の市町村名はもちろん、主要な町名や字《あざ》の名前まで頭に入っていて、正確に区分けができました。区分室には細かく区切った棚があって、ここに宛先別に郵便を入れていきますが、その時に目を棚の方に向けません。見なくても位置が頭に入っていて、間違えずに郵便物を投げ入れることができるのです。目は郵便物だけを見て短時間で次々さばいていく名人芸でした。

二つ目の特別仕様が集塵機です。郵便物は意外に埃っぽいものです。郵便局から持ち込まれた郵袋を開けて郵便物を取り出すと、埃が舞い上がります。鉄道郵便の従事者には、呼吸器を痛める人も出ていました。そこで少しでもそうした問題を防ごうと、強力な排塵用の送風機が導入され、床下に取り付けられました。1953（昭和28）年製のスユ42形からです。客車が使う電気は車軸にベルトでつなげた発電機から供給しますが、通常は1両に1台の発電機で賄えます。ところが郵便車はこのような蛍光灯照明の増設や集塵機設置のために余分な電力が必要で、両方の台車に発電機を取り付け、1両2台体制にしました。

次の課題は冷房です。郵便物が風で飛び散っては一大事ですから、郵便車は夏でも窓を大きく開けることはできません。明かり取りの窓を内側に倒す程度ですから、限界があります。車内に氷柱を持ち込んで、少しでも暑さを和らげようとします。室内で作業する職員はシャツ1枚になりますが、それでも汗だくの作業でした。

郵便車に冷房が導入されたのは1971（昭和46）年度のことです。この年に新製されたオユ11が初めてで、その後にクーラーを取り付ける冷房化改造車が続々と登場します。ただローカル線で運用される荷物・郵便合造車（ユニ）は最後まで冷房はなく、暑さに耐えながらの業務が続きました。

暖房も問題でした。もちろん車両としての暖房設備は付いていますが、それだけでは足りなかったのです。郵便車は荷物車と同様に、長距離の運用が設定されて、途中駅で別の列車に付け替えられることがあります。そんな時に、駅の構内に留置されると暖房が切れてしまうのです。そこで北海道向けの車両には、通常の暖房のほかに温気暖房という設備が付け加えられました。いわば石油によるファンヒーターのような装置でした。荷物車との合造車では、石炭ストーブを荷物室、郵便室に設置して、屋根から煙突が飛び

車掌室、郵便室にストーブを設置、屋根に煙突が飛び出した
スユニ61 507　1981.5.4　撮影：藤井　曄

四国の郵便輸送のために新製されたキユ25 2
1976.3.20　高松運転所　撮影：片山康毅

出す愛嬌ある光景が見られます。

1972(昭和47)年から新製されたオユ14形は、ブレーキ設備を改良して特急列車にも連結できるようにするなど、一段と改良された車両になります。同時に区分室の面積が狭まり、郵袋を輸送する荷物室が広がります。これは国鉄が打ち出した荷物輸送の合理化策に合わせて、郵便車での区分け業務を縮小、地上の郵便局であらかじめ分類して郵便車に積み込む新しい方式を導入したためでした。この方式は東京〜門司間のいわゆる東門線にまず導入されて「東門特例」と呼ばれます。

郵便車は客車が圧倒的に多かったですが、気動車や電車にも登場します。旅客用から外れた車両を改造する例が多かったですが、気動車王国の四国ではキユ25形という新造車が造られるなど、郵政省は郵便車にはお金をかけていたことがうかがえます。ただこうした新造車の最後のグループは、製造後5年ほどで郵便輸送が廃止になって廃車処分になってしまいます。

第8章　異常時に発揮される鉄道の底力

東日本大震災時の大迂回ルート

日本は災害大国といわれます。山間部を走る路線の多い鉄道は、しばしばその被害を受けます。事故や車両の故障で長時間不通になることもあります。基幹インフラとしての機能を維持するため、代わりの路線を経由して輸送ルートを確保する対応策をとります。これが「迂回輸送」です。

ごく最近の例を取り上げましょう。２０１８（平成30）年７月の西日本豪雨で山陽線は広島県下を中心に各地で寸断され、長期間不通になりました。首都圏、関西圏から九州への大動脈でしたから、ＪＲ貨物は即座に代替ルートを点検、岡山から伯備線、山陰線、山口線を迂回する列車を設定しました。

岡山から米子までは定期貨物列車が走っていましたから、迂回輸送の実務は比較的スムースに進みました。問題はその先で、貨物輸送自体がなくなっていましたから、貨物列車の運転再開には事前の準備や乗務員の訓練が必要になります。

この区間はＪＲ西日本の運行区間です。ＪＲ貨物の機関士の訓練のために、乗務員は一時的にＪＲ西日本へ出向する辞令をだして、西日本の乗務員から運転ノウハウを学びまし

山陰線を行くDD51牽引の迂回貨物列車
2018.9.15　五十猛～仁万　撮影：岩成正和

た。距離が長いために、米子で機関士が交代する必要があり、そのためにＪＲ貨物は臨時に米子に運転拠点を設置します。

必要な機関車ＤＤ51は、ＪＲ貨物の運用を工夫して捻出しました。該当区間にはＪＲ貨物が運転のための免許を持っていないところもありましたが、国土交通省は異例のスピードで認可して迂回輸送をバックアップします。こうして何カ月かの臨時輸送は事故もなく行われました。

２０１１（平成23）年3月の東日本大震災では、福島県、宮城県などで大きな被害が出ます。交通網は寸断しますが、復旧にはガソリンが不可欠でした。鉄道、高速道路がともに通常ルートは使えなくなったため、考え出されたの

磐越西線を迂回した石油輸送列車
2011.4.14　写真所蔵：交通新聞社

が新潟県側から輸送するルートで、首都圏から上越線、磐越西線を使って郡山までタンク車を輸送する特別ルートが設定されます。

　磐越西線はこの時点では貨物輸送はなくなっていましたが、幸いなことに国鉄時代に運転経験のある機関士がまだ残っていました。こうしたベテランを核にチームが組まれ、復興のための迂回貨物列車が連日運転されます。

　磐越西線は会津盆地から中通りへ抜けるまでに2カ所の峠を越える急勾配があります。2両の機関車で運転しましたが、石油を積んだ列車は重く、ベテラン機関士も難渋します。3月26日朝に運転された一番列車は、あいにくの降雪に加え峠越えで立ち往生したりしたため、到着が3時間遅れるなど大変な苦労がありました

がれき輸送専用コンテナ。石巻駅にて
2012.10.19　写真所蔵：交通新聞社

が、その後は運行も安定、郡山を基地に被災地にガソリンをピストン輸送しました。

また、震災で発生したがれきを輸送するため、専用のコンテナと列車が活躍します。同年11月から、宮古市内で発生したがれきをコンテナに積んで、トラックで盛岡貨物ターミナル駅まで運び、そこから東京へ鉄道輸送、都内の処分場へ運びました。がれきが放射能で汚染されている恐れがあるため、専用のコンテナが開発されます。がれき列車は石巻地区からも運転され、震災後の復興に貢献しました。

ちょっと事情は違いますが、現在建設が進んでいるリニア新幹線の工事で発生する残土を、同様の手法でコンテナ輸送しています。また、２０１７（平成29）年から始まった輸送で、川

クリーンかわさき号のヘッドマーク　写真所蔵：交通新聞社

崎市の梶ヶ谷貨物ターミナル駅付近の地下工事で発生した土砂を臨海部に輸送、埋め立て用などの資材に転用しています。もともとこの区間では川崎市とJR貨物が組んで、生活廃棄物を処理センターに輸送する「クリーンかわさき号」が1995（平成7）年から運行されていて、こうした実績が新しい使命の列車設定にも生かされています。

交換設備を新設した有珠山噴火への対応

自然災害で長期間不通になったのが2000（平成12）年3月に起きた北海道・有珠山《うすざん》の噴火です。麓の洞爺湖温泉からは全員が避難、地盤が動いて室蘭線はあちこちで線路がねじれ、不通になります。噴火の危険があるために復旧工事にも入れない状態で、北海道と本州を結ぶ動脈がストップしてしまいました。

JR北海道とJR貨物は復旧までかなりの時間がかかると判断、小樽から倶知安《くっちゃん》を経由して長万部《おしゃまんべ》へつながる函館線、通称「山線」を使って大々的な迂回輸送を計画します。札幌と函館を結ぶディーゼル特急を運転、人気の高い寝台特急「北斗星」も山線経由で運転しました。貨物列車も臨時ダイヤを作成して本数の確保に努めました。

山線はかつては北海道のメインルートでしたが、勾配の緩い室蘭線経由に比重が移り、この時点では普通列車だけのローカル線に変わっていました。そこに多くの列車を回すわけですから、それなりの設備を強化しなくてはいけません。

山線は全区間単線でしたから、上下列車の行き違いが必要になります。かつては全駅で列車交換が可能でしたが、この時点では一部の駅の廃止、交換設備の撤去などで、行き違い能力が大幅に低下していました。そこで急きょ、目名駅に交換設備を新設します。

細かい工夫もありました。出発信号機に連動しているＡＴＳ（自動列車停止装置）の地上子を、信号の手前ギリギリまで移設します。これをしないと、出発信号が赤の場合、停車する列車は地上子の手前で停車しなければならず、長い列車は線路の有効長をはみ出してしまいます。２～３両の普通列車に対応すればよかった設備を10両、20両の列車が止まれるようにするには不可欠の工事でした。

幸いに有珠山の噴火活動は予想よりも早く収まり、室蘭線は６月に全面復旧、山線の使命は終わりました。目名駅の交換設備新設は結局は迂回輸送には間に合わなかったのですが、現在も設備は残されています。有珠山は困ったことに20～30年に1度の頻度で噴火しているため、そろそろ危ない時期に入っています。万一のために、山線は準備をしているわけです。北海道新幹線が小樽経由で札幌まで開業すると、山線は第3セクターへの移管も難しく、廃線の可能性も指摘されています。有珠山リスクをどう織り込むか、難しいところです。

万難を排して運行した迂回列車

最近の鉄道は台風が接近する場合に、早い段階で計画運休を決めて混乱を避けます。在来線の長距離列車は数も少なく、観光目的の列車が多くなっていますので、運休も当たり前になってきているようです。けれども、昭和30年代は長距離輸送の乗客は大半が国鉄を利用していましたから、不通区間があっても可能な限り迂回路線を見つけ、万難を排して目的地までの運転を続けようとしました。

1960（昭和35）年に製作された映画「大いなる驀進《ばくしん》」は長崎に向かう特急「さくら」が舞台になっています。台風のために途中で不通区間が出てストップします。乗客は時間の決まった予定をかかえていて、やきもきしますし、長崎の病院で行われる手術のために血清を運ぶ看護師は、手術に間に合うかどうか必死に乗務員に確認します。映画とはいえ、長距離列車がそうした使命を帯びていた時代です。

よく不通になる区間があります。こうした場合、国鉄はあらかじめ迂回路線を想定して、臨時ダイヤも作ってありました。盛岡から先の東北線は、１９６８（昭和43）年に複線電化されるまではしばしば災害で不通になります。その場合は、奥羽線経由で南下し、横手から北上線（以前は横黒線といいました）を経由して東北線に戻すルートが活用されます。北上線が選ばれるのは距離が短く、また勾配が比較的緩やかなためです。東北線の特急や急行は15両近い長い編成ですから、北上線内の普通の駅では行き違い設備が足りません。そこで両数の短い北上線の列車を先に交換駅に停車させておいて、迂回列車は常に通過するという形で乗り切りました。迂回列車同士が交換する場合は、中間の陸中川尻（現在のほっとゆだ）駅を使い、この駅だけはローカル線に似合わない長い有効長の構内でした。

岡山県下の山陽線万富駅の近くを流れる吉井川は、しばしば川霧が発生します。視界が落ちて山陽線がストップした場合の代替線が赤穂線で、こちらも臨時ダイヤが用意されていました。長距離の優等列車の迂回や運休を決めるのは国鉄本社の権限で、本社にはこう

川霧の出る吉井川にかかる山陽線橋梁は、カーブした橋としても有名
2013.6.1　撮影：和田　洋

特急列車の迂回運転の例（1960年代を中心に）

年	月日	迂回の原因	列車	迂回路線
1958		東海道線関ケ原が豪雪	下りつばめ	関西・草津線
1960	8/13	山陽線尾道～糸崎間で貨物列車脱線	上りかもめ、はやぶさ	芸備・伯備線
1962	2/15	東海道線函南で貨物列車脱線	下りさくら	御殿場線
	8/26	東海道線浜松～米原間が台風で不通	白鳥	小浜・舞鶴・山陰線
	9/13	山陽線吉永で貨物列車脱線	下りかもめ 上りみどり	赤穂線
1963	1/23	新潟県下で豪雪	白鳥、とき	迂回せず運休
	5/31	鹿児島線薩摩大川で土砂崩壊	上りはやぶさ	肥薩線
	8/13	山陽線岩田で土砂崩壊	上りさくら	岩徳線
	8/22	奥羽線二ツ井で土砂崩壊	上り白鳥	五能線
1964	3/11	常磐線日立で貨物列車脱線	はつかり	東北線
	6/16	新潟地震	白鳥、とき	迂回せず運休
1966	2/10	鹿児島線上田浦で土砂崩壊	かもめ	肥薩線
	4/8	奥羽線二ツ井で貨物列車脱線	白鳥	五能線
	7/27	東北線浅虫～野内間で地すべり	はつかり	花輪・奥羽線
	10/13	東北線清水川橋梁が流出	はつかり	花輪・奥羽線
			ゆうづる	横黒・奥羽線
1967	8/28	奥羽線が集中豪雨	やまばと	仙山線
1968	5/16	十勝沖地震で東北線が不通	はつかり	五能線
1969	9/8	赤穂線が電化完成	481系電車	入線試験として運転
1972	7/10	山陰線米子～出雲市間で集中豪雨	出雲	米子発着12系
1973	3/17	動労スト	下りあおば	陸羽東線

した長距離列車だけを抜き出したダイヤが作られていて、部内ではこれを「水害ダイヤ」と呼んでいました。

表は筆者が調べた１９６０年代を中心とした特急列車の迂回運転の記録です。これ以外にもあったかもしれませんが、このリストだけでも相当なものですし、細かく見ていくと興奮する迂回ルートが見つかります。

１９６０（昭和35）年８月の山陽線の事故では、上りの「かもめ」や「はやぶさ」が芸備線、伯備線経由で迂回します。できれば呉線を通した方が楽だったでしょうが、糸崎付近の事故なので呉線も支障したのでしょう。１９６３（昭和38）年５月には「はやぶさ」が肥薩線経由で運転されます。大畑《おこば》のループを下っていく情景がカメラに収められていました。

五能線、横黒線経由の「はつかり」

１９６６（昭和41）年7月に浅虫付近で大規模な土砂崩れが発生し、東北線が長期にわたって不通になります。間の悪いことにお盆のピークとねぶた祭り、それに青森県が開催

土砂崩れ現場直前に作られた高野下仮停車場
1966.8.22　写真所蔵：交通新聞社

地だった高校総体が重なり、国鉄は大混乱します。現場は浅虫駅から1㎞ほど青森よりのところで、国鉄はここに「高野下仮停車場」を作り、青森から上下28往復の臨時ピストン列車を運転します。高野下からはバスで浅虫駅まで輸送、上野方面の急行列車は全て浅虫始発にしました。ピストン列車は高野下からそのまま折り返すため、列車の前後に機関車を付けて、運転を可能にしました。

青森と上野を結ぶ特急「はつかり」だけは別格でした。青森から奥羽線を大館まで出て、花輪線経由で運転します。ところがその奥羽線も8月13日に集中豪雨で青森・秋田県境で不通になってしまいました。それでもその日の「はつかり」は奥羽線から五能線に入り、秋田、横手を経由して横黒線（現在の北上線）経由で東北線に戻るという大迂回列車が出現します。国鉄の執念を感じるような運転でした。

ここで本筋から話題は離れますが、花輪線経由、五能・横黒線経由の「はつかり」はそれぞれ、途中で何回向きが変わったでしょうか。分岐駅の線路構造などを思い出しながら考えてみてください。結構難問です。

花輪線経由の場合、大館で奥羽本線と分かれますが、ここはそのままの向きで乗り入れます。好摩で東北線と合流しますが、ここもそのまま乗り入れです。それなら向きは変わらないと考えますが、実は花輪線の途中の十和田南駅が行き止まりのスイッチバック構造になっていますから、ここで向きが変わります。

五能・横黒線の場合は、奥羽線の川部はそのまま乗り入れですが、東能代は秋田方向が逆向きです。横黒線はそのまま通過できるので、こちらも1回向きが変わりました。つまり正解はどちらも1回です。そうなると合流した東北線で、普段と号車番号が違ってくるわけで、旅客サービス上は大変だったでしょう。

障害となる万能型機関車の減少

民営化以降は、旅客列車の迂回は少なくなり、大半は貨物の継続輸送が主になります。線路がつながっている限り、迂回は容易にできそうですが、実はいくつか難関があります。

まず機関車です。迂回路線の中には線路の規格がローカル線仕様になっているところもあり、その場合は大型の機関車では入線できません。使い勝手がいいのが国鉄時代からのDD51で、中間台車の空気バネの圧力を加減することで軸重を調節し、規格の低い線区にも入れるようになります。ところが、老朽化でDD51は年々廃車が出て両数が減ってきました。西日本水害の際は何とか必要両数を確保できましたが、今後は問題になってきます。

貨車も同じような問題があります。国鉄時代の貨車は全国運用でしたから、特別の場合を除き入線制限はありません。ところがJR貨物になってから設計、新製された貨車は、もともと貨物列車の運転区間しか前提にしていませんので、迂回で新規路線を走る場合は安全性のチェック等が新たに必要になります。東日本大震災の郡山輸送の際は、JR貨物の代表車種のタキ1000形がすぐには使用できず、国鉄時代のタキ38000形を全国から集めて輸送しました。

DD51は運転台下部の中間台車の調節で、軸重を変えられる
2007.7.1　撮影：西脇浩二

意外なポイントがホームの自動ドアです。これを設置する場合、車両限界を縮小する必要がでる時があります。そうすると貨物列車を臨時に走らせる場合に、支障がないかを確認する必要があるそうです。また、貨物列車が走らなくなった地方の路線はスリム化します。待避線を撤去したり有効長を短くします。ここに長い編成の貨物列車を走らせるには、設備の見直しが必要になります。ＪＲ各社は国鉄時代の保安システムを引き継ぎますが、その後の30年の歴史の中で各社ごとに改良版に変わっている部分があり、機関車がそれに対応できるかどうかも重要なポイントです。

２０１９（令和元）年10月の台風19号は東日本を直撃しました。貨物の動脈である東北線や

国鉄時代に作られたタキ38000は全ての線区に入線が可能
2008.2.23　撮影：西脇浩二

JR貨物の主力タンク車タキ1000は一部線区で入線試験が必要だった
撮影：西脇浩二

武蔵野線が水害によって不通になり、貨物ルートは大打撃を受けます。このため上越・日本海縦貫線を経由する隅田川～札幌間の臨時貨物列車が設定される一方、隅田川と宇都宮貨物ターミナル間、札幌～仙台ターミナル間に列車を設定、仙台～宇都宮間はトラックで中継します。

さらに大迂回列車も作りました。日本海縦貫線を通り米原経由で東海道線を上り名古屋経由で首都圏と結びました。こうした列車設定は線路を保有する各旅客会社や一部の3セク会社の協力が不可欠ですが、こうした非常時はさすがに鉄道関係者は共通する思いがあり、スムーズに協力体制が作られるそうです。

救援車が積んだ器材

事故や災害で路線が不通になった場合に、復旧のために出動するのが救援車です。当然、車内に積み込むモノは普通とは違った器材、設備になります。

写真は救援車の車内に掲示してある装備品の一覧表の一部です。ジャッキ、枕木、スパナ、たがねといった必須の器材のほか、救急箱、ガス検知器といった文字も見えます。車内にはこうした機器が整然と並べられ、いつでも出動できるように整備されていました。車両が脱線した場合は、レールが損傷しますから、替えのレールやジョイントも不可欠です。車両同士が食い込んでしまい、分離できなくなることもありますから、切断のためにはガスバーナーが必要になります。寒冷地では作業する職員が休憩、暖を取るために、石油ストーブ、ファンヒーターも運び込みます。

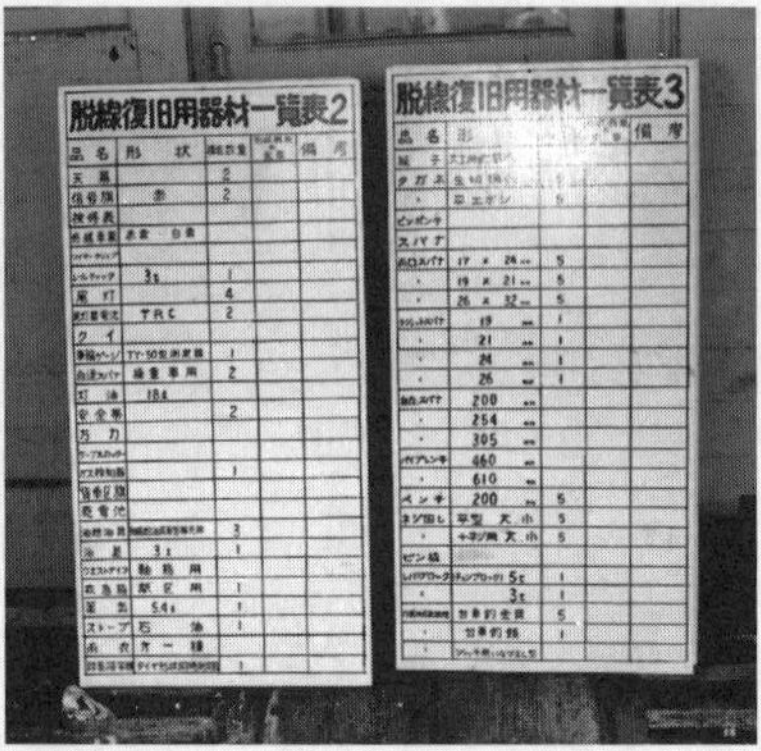

救援車（オエ70 15）の車内に掲示された装備品の表
1989.3.25　北上操車場　撮影：藤田吾郎

車両が脱線、転覆して線路をふさいだ場合は、クレーンで釣り上げて撤去するために、操重車が出動します。「ソ」

スコップ、バールなどが整然と並べられた救援車（スエ78 15）の車内
1978.5.5　秋田貨車区　撮影：片山康毅

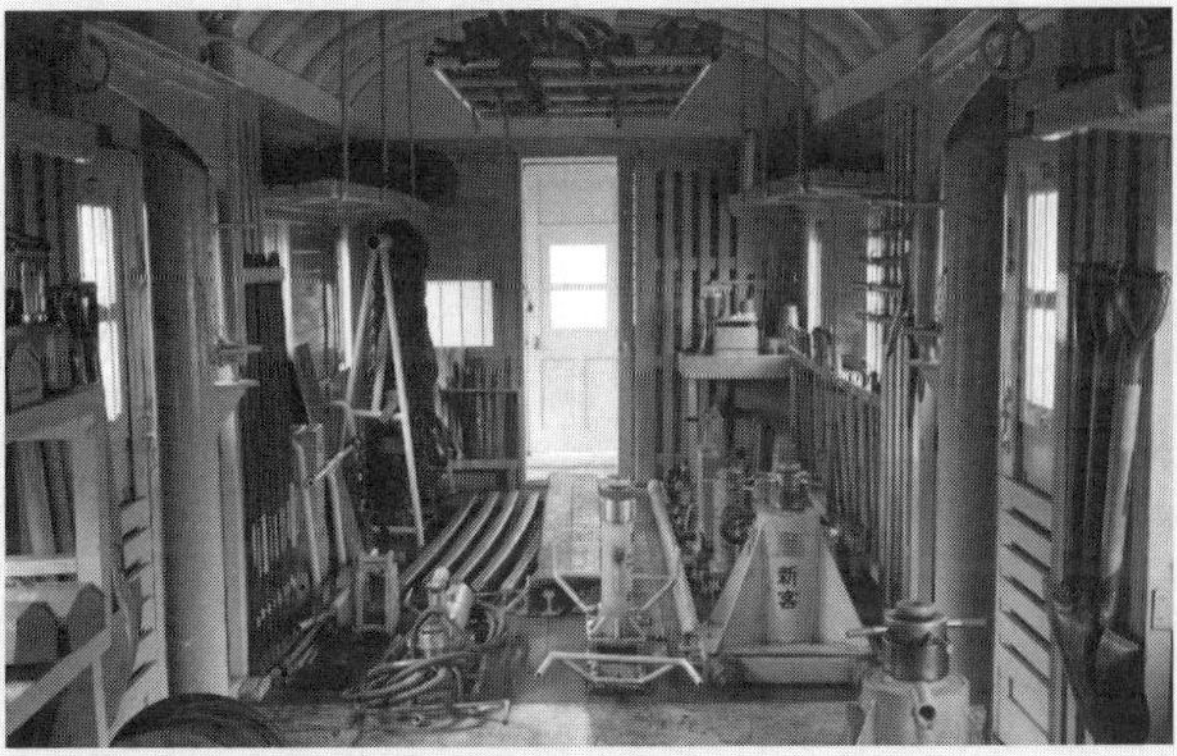

応急措置用のレールも必需品だった
1983.9.10　新庄客貨車区　撮影：片山康毅

操重車に連結される専用救援車の標記
1974.8.4　高崎　撮影：藤井　曄

の標記のこの車は、クレーンを操作する運転室部分しか車両には付けられないため、特別の器材は操重車とペアを組む専用の救援車を用意して、ここに必要なものを備えておきます。車体にかけるワイヤなどが必須になります。そうした救援車は判別しやすいように「操重車用」といった標記を車体側面に書いていたりします。

国鉄時代に大きな事故が起きると、現地の鉄道管理局には「事故対策本部」が設置されます。数時間で開通するような場合は、全列車を抑止して開通次第、順番に運転を再開すれば良いですが、相当な時間を要する場合は、この章で述べたような迂回運転などの対策を立てなくてはいけません。その場合に重要なことは復旧までの見込み時間です。

主要本線を多数の長距離列車が運転されていた時代、事故現場までかなり離れたところから出発する列車を、時刻通りに発車させていいか、あるいは見切って運休にするかの見極めを付けなくてはなりません。現場でどのように判断したのかを記録したものがあります。１９６２（昭和37）年９月13日朝に、山陽線吉永駅構内で発生した貨物列車の脱線転覆事故を、当時岡山鉄道管理局運転部長だった齋藤雅男さんが回想されたものです（「東海道新幹線　安全への道程」＝２０１４年・鉄道ジャーナル社）。

現場は60両編成の列車のうち、34両が転覆するという大事故でした。復旧までには相当な時間がかかるのは確実です。東京駅からは午後になると九州方面の急行列車が発車します。夕方にはブルートレインの時間帯になります。現場を通過するのは同日深夜から翌日未明にかけてになりますから、これらの列車を出すか止めるかはすぐにも決断しなくてはなりません。

齋藤部長はまず、既に出発している列車は赤穂線を迂回するよう手配、現場の状況を総合的に判断して、同日24時開通という目標を立てます。これなら東京発の九州方面の列車はほぼ予定通りに運行できます。この目標時間から逆算して作業の手順を組み立て、要員の配置、分担を決めます。見込みで次々と列車は吉永に向かってきますから、予定通りに復旧できた時にはホッとしたそうです。

事故はそれほど頻繁に起きるわけではなく、毎回状況は違いますが、それでも現場には長年のノウハウが蓄積されます。「押してダメなら引いてみろ」という言葉は、女性にアタックする男性の教訓になっていますが、同じ言葉は脱線車両の復線の際にもよく使われたといいます。現場では年に何回か、事故復旧の訓練が行われ、実際に車両を脱線させて作業の手順を確認しました。事故の復旧作業はそれ自体も危険を伴いますし、時間に追われる作業になりますから、みんな真剣になります。普段は温厚な小声で静かにしゃべる国鉄職員が、脱線現場では別人のように大声で作業員を叱咤することもよく見られたそうです。

おわりに

日本の鉄道はまもなく、創業150年を迎えます。100年の時は筆者は大学生でした。国鉄は大がかりなイベントを企画しましたが、その時点で経営悪化と再建の難しさは既に深刻化していて、お祭りの一方で鉄道の将来にかなりの不安を覚えたことも事実でした。

その後の日本の鉄道は国鉄の分割民営化によって大きく変革し、JR各社は相次いで上場して立派な企業に成長しました。一方でJR北海道を典型に、地方の私鉄は人口減少、高齢化によって一段と苦境に陥っていますし、好調だったJR会社も新型コロナの影響で上場以来最大の試練を迎えています。

とはいえ、鉄道の特性を生かした様々な取り組みが広がっていることはうれしい限りです。鉄道の特性は大量、高速輸送に定時、安定性などがありますが、何より環境への負荷が小さい点が優れた特性です。本書でもいくつかそうした事例を紹介しましたが、いろいろな試みが大きく成長して、現在の苦難を乗り越えて欲しいと切望します。

本書は明治の創業以来、鉄道が運んできた様々なモノに焦点をあてて、鉄道の可能性を再点検してみました。こんなものまで運んでいたのか、というのが正直な感想です。この中には、現在の鉄道システムでは再現がかなり難しいものもありますが、工夫と努力で再び鉄道の一つの役割として実現できそうなものもあります。鉄道の再度の飛躍を期待して、終わりとします。

いつものように、鉄道友の会客車気動車研究会の皆さんからは様々なご支援をいただきました。御礼申し上げます。

参考文献

「日本の貨車」貨車技術発達史編纂委員会（２００８年・日本鉄道車輌工業会）
「日本国有鉄道百年史」（１９６９年〜・日本国有鉄道）
「貨物鉄道百三十年史」貨物鉄道百三十年史編纂委員会（２００７年・日本貨物鉄道株式会社）
「鉄道郵便１１４年のあゆみ」鉄道郵便研究会（１９８７年・ぎょうせい）
「鉄道による貨物輸送の変遷」太田幸夫（２０１０年・富士コンテム）
「関東支社十年のあゆみ」（１９６７年・日本国有鉄道関東支社）
「須田寛の鉄道ばなし」須田　寛（２０１２年・ＪＴＢパブリッシング）
「回想の旅客車」星　晃（２００８年・学研プラス）
「有法子」十河信二（２０１０年・ウェッジ）
「貨車の知識」交通日本社貨物教室編集部（１９５２年・交通日本社）
「図解客貨車」（１９６２年・交友社）
「佐世保引揚援護局史」（１９５１年・佐世保引揚援護局情報係）
「国鉄線」各号（交通協力会）
「国有鉄道」各号（交通協力会）
「車輌工学」各号（鉄道日本社）
「鉄道ピクトリアル」各号（電気車研究会）
「食堂車」各号（鉄道友の会客車気動車研究会）

和田　洋（わだ　ひろし）
1950年生まれ。神奈川県藤沢市で東海道本線の優等列車を見ながら育つ。1974年東京大学文学部卒。新聞社勤務を経て現在は会社役員。子供のころから鉄道車両、特に客車を愛好し、鉄道友の会客車気動車研究会会員。著書に『「阿房列車」の時代と鉄道』『客車の迷宮』（交通新聞社）など。

交通新聞社新書148
こんなものまで運んだ！日本の鉄道
お金にアートに、動物……知られざる鉄道の輸送力
（定価はカバーに表示してあります）

2020年12月15日　第1刷発行

著　者——和田　洋
発行人——横山裕司
発行所——株式会社　交通新聞社
https://www.kotsu.co.jp/
〒101-0062　東京都千代田区神田駿河台2-3-11
NBF御茶ノ水ビル
電話　東京（03）6831-6550（編集部）
東京（03）6831-6622（販売部）

印刷・製本—大日本印刷株式会社

ISBN978-4-330-08420-6